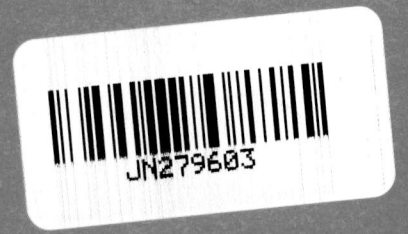

イラスト版 こころのコミュニケーション

子どものコミュニケーション研究会［編］
［監修］有元秀文［国立教育政策研究所・総括研究官］＋輿水かおり［東京都教育相談センター・統括指導主事］

子どもとマスターする49の話の聞き方・伝え方

合同出版

謝　辞

私もふくめ各項目の執筆者の全員が、過去４年間近くにわたって行われた、カリフォルニア州立大学フレズノ校のカウンセラー、ハワード・カツヨ博士のカウンセリング・ワークショップを受講しています。また、受講した教師たちが創立した「ハワード・カツヨとともに学ぶスクールカウンセリング研究会」に所属し研究を継続しています。このワークショップと研究会でわれわれがハワード博士から学んだことははかりしれません。この本の一部には、ハワード博士のワークショップで学んだことと講習の教材を応用して、実践を通して現場に合うように工夫した方法がふくまれています。いわば、この本はハワード博士が並々ならぬ愛情と情熱を傾けて日本の教育界に蒔いた種が結実したものとも言えます。心からハワード博士にお礼を申し上げたいと思います。

有元秀文

まえがき

コミュニケーションのできない子どもたちが増えています。今、親や学校の先生を悩ませている落ち着きのない子どもや突然暴れだす子どもは、例外なくコミュニケーションが不得手な子どもたちです。この子どもたちは、不愉快な気持ちや不満や怒りをうまく表現できないから、授業中に騒いだり友だちに暴力を振るったり先生につっかかったりするのです。いじめっ子もいじめられっ子もコミュニケーションの不得手な子どもたちです。

この本は、コミュニケーションの苦手な子どもたちが、上手にコミュニケーションをとるための具体的な方法を、だれでも指導できるように解説しました。一目でやり方がわかるようにわかりやすいイラストも添えました。この本で紹介したコミュニケーションが身につけば、子どもたちの問題行動の大部分は改善されるでしょう。今までにない画期的な本です。

現場の先生は、こういうコミュニケーションの不得手な子どもたちが年々増えていると感じています。この現象はごく最近はじまったことです。そして大部分の先生は、こういう子どもたちにどうやって対処したらよいのか戸惑っています。中にはまったく誤った対処の仕方をとってしまう先生も少なくありません。

例えば、落ち着きのない子どもを叱りつけたり、力ずくで押さえつけたりすることがよくあります。体が大きく力の強い先生が叱りつけたり力ずくで押さえつければ、どんな子どもでもおとなしくなるでしょう。でもそれでは根本的な解決にはなりません。押さえつけられた子どもの頭の中は怒りが渦巻き、ほかの子に当たったり、家で暴れたりします。もし、担任の先生が体が小さく力の弱い方に代わったらもっと先生を困らせる行動をとるでしょう。

欧米では、スクールカウンセラーが、こういう子どもたちのコミュニケーションを改善するための指導をします。年間を通じて、子どもたちにコミュニケーションの方法を教えています。ゲームやロールプレイを通して、友だちと意見が食い違ったときには、怒りを相手にぶつけるのではなく、また怒りを我慢するのでもなく、上手に友だちに怒りを伝え、円満に問題を解決するコミュニケーションの方法を教えるのです。いじめられっ子にも、言葉や体の暴力の被害にあったとき、どうしたらつらい思いをしないですむか、具体的なコミュニケーションのとり方を教えています。

日本ではまだまだ欧米のようなスクールカウンセラーは数多くいません。子どもたちのコミュニケーションを改善する指導をしている学校も稀です。ですから、多くの先生は、激変する子どもたちの問題行動に驚きながら、手探りで苦しみながら対処の方法を考えています。

私たちがこの本を企画したのは、なんとかしてこのような新しい事態に対応しなければならないと考えたからです。このような事態になってしまった原因はすべて大人にあります。大人が、愛情あふれる健全なコミュニケーションのとれる子どもたちを育てられなかったからのです。今から、親や先生は、健全なコミュニケーションのとり方を子どもに教えていかなければなりません。

この本は、落ち着きのない子どもや突然暴れだす子ども、いじめたりいじめられたりする子ども、怒りっぽい子どもなど、コミュニケーションのうまくいかない子どもたちに苦しんでいらっしゃる、親や先生に読んでいただきたいと思います。

執筆メンバーは、小学校や中学校でこういう子どもたちと日々格闘しながら子どもたちのコミュニケーションを改善しようとして成果をあげているベテランの先生です。まず、これらの先生が集まって相談し、今の子どもたちにどのようなコミュニケーションが不足しているかを考えました。そして、どうすれば子どもたちにそのようなコミュニケーションの力を育てられるかを考えました。

どの項目も、実際に先生が子どもたちに教えて効果をあげていることです。もちろん、一挙に問題を解決することはできません。しかし、親や先生が解決の方法をこの本を通して知り、解決に向けて一歩を踏み出せば、いつか必ず子どもたちのコミュニケーションは変わります。同じ日本の中でも、先生の努力によって子どもたちの問題行動を激減させた例は珍しくありません。実際欧米では、この本で紹介したような方法によって、子どもたちのコミュニケーションを変え、いじめや暴力の発生率を激減させているのです。

親や先生がこの本を手がかりにして、子どもたちのコミュニケーションを改善し、明るく愛情あふれる家庭や学校を築いてくださることを願っています。

子どものコミュニケーション研究会
代表　有元秀文

もくじ

3 自分で考えよう・みんなで考えよう

1 人の話をじょうずに聞こう

野球はとても人気のあるスポーツです。みなさんよくご存知でしょうが、ピッチャーが相手にボールを投げなければゲームははじまりません。ピッチャーは自分の一球で勝負が決まるのですから当然不安もいっぱいです。

このピッチャーに安心感を与える役目がキャッチャーです。どっしりと構え、ピッチャーからのサインに大きくうなずいて、自信を持たせるのです。「大丈夫。私がしっかり受け止めるから、安心して投げておいで。」

声にならない声が、まなざしやうなずきや構えからマウンドに届きます。

コミュニケーションも同じです。心を傾けてしっかり受け止めようとする聞き手の態度が、話し手の気持ちを開かせます。ここでは、8つの場面を提示し、どのような聞き方が相手に安心感と自信を与えるかを具体的に示しました。

また、学級や集会など数人集まれば実際に練習できる5つのグループワークも入れました。ゲームを通してどんな対応が心地よいか体験し、実際の生活場面でも試してほしいと思います。「聞きじょうずは話しじょうず」といいます。コミュニケーションの基本、「聞きじょうず」のコツをマスターして下さい。

輿水かおり（東京都教育相談センター・統括指導主事）

1 話の聞きかたにもいろいろ

友だちと話しているときに、楽しくてどんどん会話がすすむ場合と、会話がとぎれたり、つまらなく感じてしまったりする場合があります。それぞれの会話のしかたに、どんなちがいがあるのでしょうか。

楽しく会話がはずむのは、相手がうなずいたり、あいづちを打ってしっかりと話を聞いてくれるときです。ひとつの話題について、たずねたり、たずね返したりしながら話がすすむときは、楽しいものです。

会話をするときは、まず相手の話をしっかりと聞きましょう。その上で自分と違う点や共通点を見つけてみましょう。聞いたことについて感想を述べたり、わからないことを質問するのもよいでしょう。「その時、どんな気がしたの？」などと、相手に質問をしなが

1 しっかりと聞こうとしていますか？

1 ねぇ、私、美容師になりたいと思ってるんだ。どう思う？

2 いいんじゃない。みかちゃんがなりたいって思うんなら。

3 私がカットしたお客さんが、きれいになったらうれしいもの。

4 …………。

5 美容師っていい職業よね。もう、けんじ君たら、聞いているの!?

！ 話し手の顔を見て話を聞いていなかったり、なにかしながらこたえたりしていると、話し手は、聞き手が自分の話をしっかり聞いてくれないように感じます。

2 うなずいたり、あいづちを打って聞きましょう

1 ねぇ、私、美容師になりたいと思ってるんだ。

2 へぇ、美容師になりたいんだ〜。みかちゃんは手先が器用だから、美容師にむいていると思うよ。

3 えっ、ほんとうにそう思う？なんだか自信がわいてきたわ。

4 うん。ほんとうだよ。

5 ありがとう。私、いっぱい勉強して美容師になろう！お客さんによろこばれるような美容師になるようにがんばるわ。

6 うん、がんばって！みかちゃんなら、きっとなれると思うよ。

ろある

ら話を聞いていくと会話がつづきます。

相手が話しやすい「聞きかた」を心がけると、楽しく会話が広がったり深まったりします。

アドバイス

「よい話し手を育てるためには、よい聞き手を育てることです」と、よくいわれます。そのためにも、大人である私たちが、まず子どもの話を全身でしっかりと聞いてあげるように努力しましょう。うなずいたり、相づちを打ったり、ときには相手の話を繰り返して確認することもよいでしょう。聞いてもらえると嬉しいという気持ちを十分に体験させることです。それがもととなって、相手の話をしっかりと聞くことができるようになります。

また、会話をつづけるためには、話題にそって話し合うことや、聞いたことについて感想を述べたり、質問したりすることが必要であることも、体験させましょう。

3 ちゃんと受けて、こたえていますか？

1 ねぇ、私、美容師になりたいと思ってるんだ。どう思う？

2 ふ〜ん、美容師…。このプラモデル、結構むずかしいな。

3 美容師って，夢のある職業だと思うんだ。だって、お客さんが喜んでくれたらうれしいし…。

4 あれ〜、ボンドどこに置いちゃったかな。困ったな。

4 相手に質問をしたりして会話を広げましょう

1 ねぇ、私、美容師になりたいと思ってるんだ。どう思う？

2 へぇ、美容師になりたいんだ。みかちゃんは手先が器用だから、美容師にむいていると思うよ。

3 えっ、ほんとうにそう思う？なんだか自信がわいてきたわ。

4 うん。ほんとうだよ。だけど、みかちゃんは、なぜ美容師になりたくなったの？

5 ええ。それはね。お客さんがきれいになって喜んでくれたら、私もとってもうれしい気持ちになるわ。そして、もっとがんばろうという気持ちになると思うの。なんかステキじゃない。

6 ふ〜ん。お客さんが喜んでくれる姿で、自分ががんばろうと思えるすごくやりがいのある仕事だと、思っているんだね。

7 うん、そうなの。けんじ君は、将来どんな職業につきたいと思っているの？

② 人の話をじょうずに聞くに

じょうずに人の話を「きく」…ということは、どういうことでしょうか？

話を「きく」…といいますが、漢字では、「聞く」とも「聴く」とも書きます。とくに「聴く」という漢字に注目してみましょう。この漢字を分解してみると、「耳・十・目・心」になります。つまり「聴く」は、「耳と目と心を十分に使って相手の話を受けとめましょう」ということを示しています。

人と人とがコミュニケーションするとき、よりよい話し手になるためには、まず自分が、よりよい聞き手にならなければなりません。じょうずに聞くことが、じょうずに話すことにもつながっていくからです。

ここでは、話を心からお互いに「聴き合う」体験を通してじょうずに話を聞くことを考え

1 まず話を聞いてもらえない体験をしてみましょう

1 あのね、きのうサッカーの試合があって、ぼくがシュートを決めたんだよ。
2 ……。
3 ねぇ、ちゃんと聞いてほしいんだけど…。

！ 2人1組になります。ひとりが話をする人、もうひとりが話を聞く人になります。話し手が話す1～2分くらい聞き手の人が横を向いたり、うつむいたりして話し手の話を聞かないそぶりをしましょう。

2 話を聞いてもらえないときの気持ちを、話し合ってみましょう

！ おたがいに聞き手と話し手の役割を交代して同じことを体験してみましょう。その後に、きちんと話を聞いてもらえなかったときの気持ちを話し合ってみましょう。

1 なんだか、無視されているようでいやだった。
2 きちんと、こちらを見て聞いてほしい。
3 なんか話す気持ちがなくなってしまうなぁ。

は…

てみましょう。

アドバイス

人と人とのコミュニケーションにおいて、話したり、聞いたりするときにたいせつなことは、お互いを尊重しようという気持ちや態度です。大人と子ども、子ども同士、大人同士のどのような場合でも、「なにかをしながら」や「なんとなく」聞いてしまうのは、相手を尊重していない態度のあらわれです。

コミュニケーションをとる相手と正対してやりとりをするためには、相手の目を見て、耳でしっかり内容をとらえ、心で話を受けとめていることを態度であらわしていくことです。

どんなときでも、このことを心がけるよう指導し、よりよいコミュニケーション・スキルを育てていきましょう。

3 どのような話の聞きかたがよいかを、話し合ってみましょう

! どんな様子のとき、話を聞いてもらっていると感じるでしょうか。「相手の目をよく見て聞く」「話し手の話に合わせてうなずく」「よくわからないときは質問をする」「話の内容がよくわかると目で合図する」など、聞いているということを、行動や態度で示すとよいことがわかります。2人1組で行ないます。

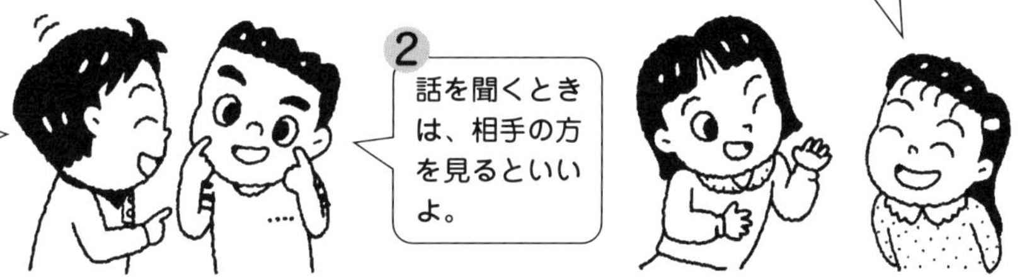
1 相手の話の内容がわかるときは、あいづちを打つといいね。ふんふん、なるほどって…ね。
2 話を聞くときは、相手の方を見るといいよ。
3 話の内容がわからないときは、質問するといいね。
4 話の内容でわかったことを相手に伝え、確かめながら聞くのがコツよ。

4 じょうずな話の聞き方を、練習してみましょう

! 話を聞いているということを話し手にわかるように、少し意識して相手の話を聞いてみましょう。おたがいに役割を交代しながら体験してみましょう。最後に、じょうずな聞きかたで聞いてもらえたときの気持ちを、話し合ってみましょう。

1 きのう、"調べ学習"で図書館へいったよ。
2 ふ〜ん。だれといったの？
3 あきら君ときよみさんと3人で、いったんだ。
4 ふんふん、なるほど。同じ班の人なのかな。
5 そうだよ。こんど、クラス全員の前で発表するんだ。

3 落ち込んでいる友だちの話

仲のよい友だちや、クラスの友だちが、落ち込んでいたり、元気がなかったりすると、心配になりますね。「どうしたのだろう」と気になったり、「なんとか力になってあげたい」と思ったりするはずです。落ち込んでいる友だちも、「だれかに話を聞いてもらいたい」とか「元気づけてほしい」などと思っているかもしれません。でも、どうやってはげましたらよいのか、考えてしまいますね。相手の様子を見ながら、まず、声をかけてあげましょう。それだけで、相手はほっとしたり、安心したりするでしょう。

つぎに、話をゆっくり聞いてあげましょう。友だちの話をよく聞き、できるだけ気持ちをわかってあげましょう。そのうえで、あたたかいことばをかけてあげます。相手の肩に軽

1 様子を見ながら、声をかけましょう

①なにか、いつもと様子がちがうようだったら、どうしたのか聞いてみましょう。
②相手の様子をよく見ましょう。
③話したくなさそうなときには、無理に聞き出さないようにします。

2 話をよく聞きましょう

相手の話をよく聞いてあげましょう。相手がじゅうぶん話すまでは、あまり口をはさまないほうがよいです。

を聞くには…

くふれたり、手をそえたりするのもよいでしょう。あなたがその友だちのことをほんとうに考えている、という気持ちが伝わることがたいせつなのです。

アドバイス

落ち込んでいる人を見ると、声をかけようかどうしようか、迷うことがあります。そっとしておいた方がよい場合もあります。声をかけたあとも、相手があまり話したくなさそうなときは、無理に聞き出そうとせず、時間をおいてから、様子を見て、声をかける方がよいでしょう。「話をよく聞いてもらう」。これだけで、相手は、気持ちが少しすっきりするかもしれません。「自分の気持ちを相手もわかってくれた」ことで、だいぶ気分も回復してくることでしょう。

「ああしたら。こうしたら」とあれこれ指示したり、自分の意見を押しつけたりするのではなく、相手の気持ちを一緒に感じてあげること…などを体験させましょう。

3 相手の気持ちをわかってあげましょう

①つぎに、相手の気持ちをいっしょに感じて、ことばにしてみましょう。相手のことばをくり返したあと、気持ちを察していうとよいです。
②相手の表情や反応を確かめながら、相手の気持ちに一番近いことばを考えましょう。

4 あたたかいことばをかけましょう

①いっしょに、どうしたらよいか、考えることがたいせつです。
②気持ちを切りかえて、話をほかのほうへ向けるのもよい方法です。

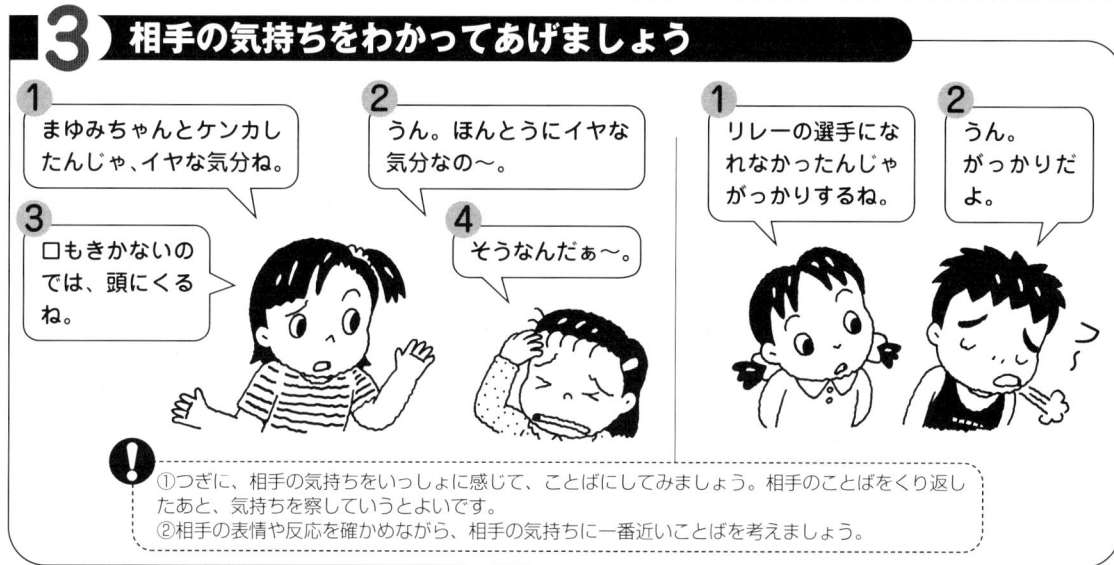

4 悩んでいる友だちの話を

みなさんは、友だちが悩んでいるとき、どうしますか？　どうしていいかわからずに知らんぷりしている人もいるかもしれませんが、大部分の人が「どうしたの？」と声をかけるでしょう。そうです。友だちに元気がないと、とても心配になりますね。

まずは、声をかけてあげましょう。そして、相手の気持ちになって、ゆったりと話を聞いてあげましょう。それだけで友だちの心は、落ち着いてくるはずです。

また、話を聞くときは、相手の方を見てうなずきながら、しっかりと聞いてあげることが大切です。あいづちを打ったり相手のことばをくり返したり、場合によっては、「つまり○○さんのいいたいことは、こういうことだね」と、まとめてあげることです。そうすれば、

1 相手の気持ちになって、声をかけていますか？

1 じろう君、元気ないけどどうしたの？

2 うん、じつはさゆりちゃんに借りていた本を、なくしちゃったんだ。

3 そんなの簡単だよ。「ごめんね」っていえばいいじゃない。

4 えっ、…いえないよ。

人間は、自分の力で解決する力を持っています。こまっている友だちの話をじっくりと、そして、相手の身になって聞いてあげることによって、解決の方法も見えてきます。

2 解決する方法が見つかるよう、相手の身になって聞いてあげましょう

1 じろう君、元気ないけど、どうしたの？

2 うん、じつはさゆりちゃんに借りていた本を、なくしちゃったんだ。

3 そう…。それはこまったわね。その本は、どこで読んでいたの？

4 ぼくの部屋とリビングで読んでいたよ。それから、塾へ持っていったこともあるけど…。

5 そう。部屋とリビングはさがしてみた？

6 もちろん。塾でもさがしたけど、ないんだ。

7 まあ、そうなんだ。どうするといいのかな？

8 やっぱり、さゆりちゃんに正直に話すしかないよね。…そうしよう。

聞くには…

悩みを解決する方法が見つかって、それに向けて自分から努力できるようになります。

ただ自分たちだけで解決できないことについては、かならず大人に相談するようにしましょう。

アドバイス

悩んでいる子の話を聞いてあげる場合、解決に向けての方策を示すのではなく、人間は自分で物事を解決できるという力があるスタンスに立って、まずは、話をしっかりと聞いてあげることが大切です。一緒に考えてくれているという安心感があれば子どもは自分のことをしっかりと見つめ、解決の方法を見つけ出すことができるようになります。大人は日ごろからその姿勢で子どもたちに接することが大切です。

また、自分たちに解決できない問題とはどういうものかを明確に伝え、それについては日ごろから、大人に声をかけ、相談するよう指導しておくことが大切です。

3 自分たちだけで解決できないときもあります

1 すぐる君、元気ないけどなにかあったの？

2 いや…べつに。

3 いつものすぐる君らしくないよ。ごまかそうとしても、わかっちゃうんだから。

4 しんたろうには、ごまかしがきかないな。じつは、このシャープペンをA店から持ってきてしまったんだ。とちゅうでお店の人に見つかっちゃったんだけど、逃げてきちゃったんだ。

5 えっ！　とってきちゃったの？A店の人、ぼくたちのことよく知っているじゃない。それはよくないよ～。

6 う…ん。そうだよね…。どうしよう。

4 迷ったり、解決できないときは、身近な大人に相談しましょう

1 …ねぇ、まず、お母さんに話してみようよ。きっと相談にのってくれるよ。

2 そんなこといえるわけがないだろ。怒られるの、きまっているのだから。

3 でも、そのままにしておくわけにはいかないよ。まず、話そうよ。いいようにしてくれるよ、きっと。

4 …うん、わかった。しんたろうのいうとおりだね。ぼく、お母さんに話してみるよ。

! 解決がつかなかったり、どうしていいか迷ったりしたときは、けっして投げ出さずに、先生や両親など、自分たちをたいせつに思っている大人に相談しましょう。かならず、どうしたらいいか、一番いいこたえを出してくれます。

5 泣いている友だちの話を

泣いている友だちに、どんなことばをかけていますか？　もしかしたら無理になぐさめようとしたり、泣きやむまで説得しようとしてはいませんか？　一番たいせつなことは、友だちを助けてあげようと心から思うことです。友だちを思う心です。友だちが自分で立ち直ろうとすることを応援しようとする心なのです。そのうえで、ふさわしいことばを選びます。

どんなことばをかけたらいいかは、友だちの泣き方でもちがってきます。じっさいに声に出してことばをかけた方がいい場合もありますが、声に出さず心の中でことばをかけたほうがいい場合もあります。泣いている友だちが自分で話ができるようになるまでは、そっとそばにいてあげましょう。そして友だち

1 激しく泣いていたら…

うぁ～ん
そばにいるからね。
ハンカチ、使っていいよ。

相手がこたえられないほど激しく泣いているときは、あまり話しかけないで、静かになるまで待ちます。

2 静かに泣いていたら…

シクシク
話しにくかったら、教室から出ようか？
話せるようになったら、話してね。
……

そばに近づいて、話してくれるまで待ちます（見守る…という感じです）。

聞くには…

が落ちついてきたら、やさしいことばを少しだけかけてあげます。十分話せるようになってきたら、やさしい態度で話を聞いてあげましょう。

　急がず、無理をせず、少しずつできることをはじめましょう。

アドバイス

　泣いている友だちがいたら、ことばをかける前に、泣き止むまで待ってあげること、そばにいてあげることが大切です。だれでも思いやりの心・相手の立場を理解しようとする心が育ってくると、「おせっかい」などの行きすぎた行動や、「無関心」などの冷たい行動などがふさわしくないということが、わかってきます。心が育ってきて初めて、適切なことばが感覚的にわかってきます。その友だちにふさわしいことば、その雰囲気にふさわしいことばがかけられるようになってきます。

　スキンシップや勇気づけのことばなども、すべては、友だちを思う心があってこそ価値が出てくるものなのです。

3 話せるようになったら…(1)

話を聞いてあげましょう

!

①やさしい目で。動作は相手に合わせて。

②肩に手をおくなど、スキンシップをとる。

4 話せるようになったら…(2)

ことばをかけてあげましょう

6 イライラしている友だちの話

イライラしている友だちがみなさんのまわりにいたら、みなさんはどうしますか？　かかわりたくないために、その場から席をはずしてしまう人もいるでしょうが、たいていの人は、気になって声をかけるでしょう。

イライラしている原因がわかっている場合はいいのですが、それがわからないときには、話を聞きながら原因を整理してあげるとよいでしょう。そのためには、根気強く話を聞いてあげることがたいせつです。

たとえば、自分の経験を話したりするのもよいでしょう。それがきっかけで、友だちも自分の思いを話せるようになる場合もあります。話し出してくれたら、問題の８割は解決です。そのあとは、その問題の原因をいっしょに考えてあげることです。

1 イライラしている友だちを、非難するだけに終わっていませんか？

悪い例

2 なにに対するイライラなのかを、整理してあげましょう

よい例

！ 自分の経験を話したりすれば、相手もすすんでイライラの原因などを話してくれるようになります。

を聞くには…

解決の方法までいっしょに考えてあげられるよう、心の余裕を持って話を聞いてあげましょう。

アドバイス

イライラしている原因を取り除くような話の聞き方をしてあげることが大切です。そのイライラが自分自身に対するものなのか、相手に対するものなのかをはっきりとさせることです。自分自身にある場合と、相手にある場合とでは解決の方法が違ってきます。今の自分を客観的に認識する力をつけなければなりません。そしてその力は、イライラしている本人にも、そのイライラを聞いてあげる立場の人にも必要なのです。

社会が悪い、相手が悪いということで終わらせないためにも、子どもには普段から自分のことを見つめる訓練をさせましょう。

3 ほんとうの原因に、気づこうとしていますか？

悪い例

1 あっ、痛い！なんでこんなところに椅子なんか置いてあるんだよ。

2 まったくだわ！じゃまだったらありゃしない！

3 おまけにネジがはずれていて、ガタガタしているぞ。じゃまなんだよ。こんな椅子いらないよ。

4 そうそう。こんな椅子いらないわ。

置いてある椅子が悪いのでしょうか。それとも、椅子にぶつかった自分が悪いのでしょうか。こんなときは、「だいじょうぶ？　痛かったでしょう。気をつけて歩いてね」と声をかけ、相手の失敗に気づくようにさせることが大切です。

4 イライラの原因をとりのぞく方法を、しっかり考えましょう

考えるためのヒント

1 寝不足や空腹のためのイライラ → 生活習慣を見直しましょう

2 テストの点数がよくならないために起こるイライラ → 学習方法を変えたり、工夫しましょう

3 友だちとケンカをして解決できない、自分自身に対するイライラ → 勇気を出してその友だちに話しかけてみましょう。また他の人に仲裁してもらいましょう

4 友だちにいじめられたり、仲間はずれにされたりして起こるイライラ → 自分一人で解決できなかったら、先生や親に相談しましょう

⑦ いじめにあっている友だちの話

いじめは、許してはいけないことです。ぜったいにしてはいけないことです。もし、あなたの友だちがいじめにあっていることを知ったら、あなたはどうしますか？　いじめにあっている友だちに対してなにもしてあげられないというのでは、ほんとうの友だちとはいえません。でも、あなたひとりですべてを解決するわけにもいきません。友だちのために、自分ができることはなにかを真剣に考えてみましょう。

たいせつなことは、友だちがいじめのつらさから抜け出すお手伝いをすることです。その子が、またべつのいじめにあったときには、同じように自分で解決していけるよう、力を貸してあげることです。友だちがたくましく成長していくお手伝いをするということで

1 「心」から話を聞いてあげましょう

1 私ばっかり、なんで、いつもいつもいじめられなくちゃならないの？
2 そうだよね…。ほんとうにおかしいよね。
3 このまえなんか、靴をかくされちゃって…。
4 うん、うん。それで…。

！ そばに寄って。相手が話す雰囲気に合わせるようにして、心から聞いてあげます。

2 「気持ち」をことばにしてあげましょう

1 学校に来たら、机に落書きされていたの。
2 それはショックだよね。
3 まわりのみんなが笑ったの。
4 つらかったよね。

！ 相手と同じ目線で。手をつなぐなど、スキンシップをとります。

を聞くには…

す。

するとお手伝いができたあなた自身も成長することができるのです。

友だちに力を貸してあげることは、あなたが成長していく力をもらうということにつながっていきます。

アドバイス

子どもにかぎらず、心が傷ついてしまった人を癒すには、話を聞いてあげることが一番大切なことです。自分がいじめられていることを話すのは辛いことです。ですから、聞き出されるという気持ちをもたせずに、話したいことを話したいだけ聞いてもらえるという形で接することが大切です。そうすれば傷ついた子どもの心は癒されるでしょう。

誰にも話せないような、苦しい状況のいじめであっても、ほんの軽いいじめであっても、自分から話をすることで、自分自身の内面をふり返ることができます。大切な人が聞いてくれるからこそ、自分のことばを使って、気持ちを確認していくことができるのです。具体的な解決方法を考える段階に進むのは、それからです。

3 「わたしは…。ぼくは…。」で話しましょう

私（ぼく）は、君のこと心配だよ。

私（ぼく）は、君（あなた）に元気になってほしいな。

私（ぼく）は、話しあった方がいいと思うよ。

！ 「私は」「ぼくは」で話しかけると相手を大切にする気もちが伝わりやすくなります。

4 解決法は、本人に選んでもらいましょう

1 個人的に話す？ それとも、ほかの友だちもいてもらって、2、3人で話す？

2 わかんない…。

3 学級会で話す？

4 いやだなあ、私…。

5 それなら、先生にまず話してみようか。

6 うん、そうしたほうが、私もいいと思う。

8 友だちを元気づけてあげ

自分のことを友だちや家族や先生にほめられると、とてもうれしくなりますね。そのひとことで、やる気が増したり、自信がついたり、やってよかったと満足したりします。一日中、明るい気分ですごせた経験もあるでしょう。だれでも同じことがいえます。友だちがすごいなと思っても、それをことばに出すのは少し勇気がいりますが、思いきって声に出してみましょう。相手の喜ぶ顔を見て、あなたもきっとうれしくなりますよ。

じょうずにほめるには――①友だちの様子をふだんからよく見て、②友だちの話をよく聞いて、③ちょっとしたことでも気がついたらすぐにことばにする、というのが、ポイントです。

友だちのよいところやすごいところがたく

1 ほんとうに自分が感じたことを、ことばにしましょう

わーっ、字がじょうずだねえ。
努力

①気がついたら、すぐにほめましょう。
②たったひと言でも、気持ちがこもっていると、相手はとても喜びます。

はやぶさ跳びができるなんて、なわ跳び、うまいね！

①相手の様子をよく見てほめましょう。
②相手をいつもよく観察していると、「まえより、とてもうまくなったね」と、変化についてもほめることができます。

2 相手の話をよくきいて具体的にほめてみましょう

1 きのう、サッカーの試合があったんだ。
2 ふ～ん。それで、結果は、どうだったの？
3 ぼくが2点入れたんだ！ 2対1で勝ったよ。
4 2点も入れたなんて、すごいね。さすがしんじ君！

①質問をして、相手の話をさらにくわしく聞き、それについてほめましょう。
②相手の会話の中からほめることばを選んで、そのことばをくり返していってほめると、相手は、なにについてほめられたかはっきりして、うれしくなります。

るには…

さん見つけられる人は、心もすてきな人です。いろいろなことばで、友だちをほめてあげましょう。それがきっかけで、友だちともっと仲よくなることもあります。

アドバイス

人のよいところに気づき、ことばで伝えるということは、思っていてもなかなかうまくできないものです。心のこもっていないことばは、単なるおだて、ごますり、皮肉に受け取られることもあり、よくありません。

ほめるときには、ほめたい事実に対して、自分の気持ちを素直に、心を込めて伝えることがたいせつです。ほめ上手の人は、きっとまわりの人からも好かれるでしょう。

●友だちをほめることばはたくさんあります

うまいね／すごいね／やったね！／プロ級／天才！／いいね／さすが／かっこいいね／おみごと／ナイス！／じょうず／きれいにできたね／早いね／よかったよ／感心するね

3 ほめるときは、態度でも表しましょう

リレーで１位になって、よかったね。

《声は》……相手に聞こえる声で
……はっきりした声で
……明るい声で
《顔は》……にこにこ顔で
《目は》……相手の顔を見て
《場所は》…相手の近くに行って

リコーダーが、じょうずね。

4 体を使ってほめましょう

拍手をする

手をとる

手をならす

肩をポンポンとたたく

仲よしの友だちや、ほめる内容によっては、手をとったり、握手をしたりしてみましょう。

9 そうですね!

友だちの話をじょうずに聞く練習をしてみましょう。「ふ〜ん、うん、そうなの、そうだよね、へぇー、あぁそうか、そうですね、そうですか、わかりました…」など返事をしながら聞くことがたいせつです。友だちの話をよく聞いて、一番ぴったりのことばで返事ができるとよいですね。

視線や、顔の表情、姿勢もたいせつです。ニコニコしながら、相手のほうに体を向けて、ときどきうなずきながら返事をすると、相手も喜んでくれます。

また、反対に聞いている人にうまく返事をしてもらうと、どんな気持ちなのかも体験してみましょう。

ねらい

●友だちの話をじょうずに聞くためには、聞く態度に加え、あいづちをうちながら、聞く必要があることをゲームを通して学ばせます。

●同時に、相手にじょうずに聞いてもらうと話し手もうれしい気持ちになることを体験させます。

ゲームの展開

1 だんまり…の巻

❶4〜5人のグループで輪になります。

❷ひとりずつ…「これ（あれ）は、○○です」とほかのみんなに話しかけます。（○○は、部屋の中にあるものなら、なんでもよいです）

❸ほかの人は、絶対にうなずいたり、返事をしたり、声を出したりしません。

❹時間は1分間です。はい、はじめましょう。

例・「これは、机です」
・「これは、ノートです」
・「あれは、花びんです」
・「……」

❺感想をのべ合いましょう。

例：「一生懸命いっているのに、返事をしてくれないので、変な気分だった」…など。

2 そうですね…の巻

❶1のゲームの後「だんまり」はやめてなんといえばよいかを、みんなで考えてみましょう。
例：「うん」「そうだね」「ふーん」…など。
❷つぎに、「これ（あれ）は、○○です」とひとりの人がいったら、みんなで「そうですね」と返事をしてみましょう。
❸気をつけることを話しあいましょう。
例：「話している人の目を見て、聞く」「笑顔で、いう」「うなずきながら、いう」…など。
❹時間は2分間です。はい、はじめましょう。
例・「給食は、おいしいです」←「そうですね」（みんなで）
「校庭は、ひろいです」←「そうですね」（みんなで）
❺感想をのべ合いましょう。
例：「返事をしてもらったので、安心した」…など。

！ 中学年以上は、「○○は、△△です。」を基本形とし、「いちごは、あまいです」「雪は、冷たいです」…など、話す内容を広げます。聞く人が気をつけることを、ゲームの前に話し合います。

3 よく聞いて…の巻

❶ 2と同じ方法ですが、ひっかけ問題にしてみましょう。
❷「○○は、△△です」といったときには、みんなで「そうですね」と返事をします。「△△です」だけのときには、だまっていましょう。一度もひっかからなかった人が勝ちです。
❸時間は1分間です。はい、はじめましょう。
例・「りんごは、赤いです」←「そうですね」（みんなで）
「ボールです」←「……」
❹話をよく聞いて、必要なときにあいづちを打つ練習をします。

4「そうですね」の輪…の巻

❶ 2と同じように、みんなで「そうですね」の返事をします。
❷話す人は、リレー形式で文にことばを加えていきます。
例：「アイスクリームは、甘いです」→「アイスクリームは、甘くて、冷たいです」→「アイスクリームは、甘くて、冷たくて、白いです」→「アイスクリームは、甘くて、冷たくて、白くて、おいしいです」→「アイスクリームは、……」
❸だんだん長くなって、前の人がいったことを覚えていうことが大変になりますが、正確にいえたら、みんなで「そうですね」といいます。

！ あらかじめ、あとのことばがつけ加えやすい主語を選んでおきましょう。しだいに人数を増やしていくと、さらにおもしろくなります。

Point

10ページの上手な聞き方の学習をしてから行うと効果的です。
2 の「そうですね…の巻」では、文の内容は問わないので、あまり深く考えずに、目についたものなどつぎつぎに言葉にするようにします。「そうですね」のいい方にもいろいろありますので、はじめる前にいい方を確認しておきます。
3 は、リーダーが話すことに対して、みんなで返事をする方法でもよいでしょう。
4 は、高学年なら、人数を多くして記憶力を試すのも面白いです（その場合は、最後の方が難しいので、グループ内で順番を考えさせます）。1グループずつみんなの前で行い、全員で「そうですね！」といってもよいでしょう。

10 インタビューをしてみよう

同じクラスや集団にいても、あまり話したことがなかったり、最初の印象で相手の性格や人がらを決めつけてしまっていることがよくありませんか。それはせっかくのコミュニケーションの機会を、せばめてしまうことになります。

そこで、友だちにインタビューをしてみましょう。このグループワークをとおして、いままで交流の少なかった人や敬遠しがちだった人などと意図的に接する機会をつくり、クラスや集団の活性化をはかります。「あの人にはこんな一面があったんだ」「思いもよらない特技をもっているんだなあ」など、友だちのよさに気づくことがあります。そして友だちとのコミュニケーションの幅が広がっていきます。

ねらい

●インタビューの活動をとおして、コミュニケーションの練習（質問する、こたえる、話を聞く、知り合う、仲よくなるなど）を行ないます。

●日ごろあまり会話を交わすことのない友だちと、すすんでコミュニケーション（やりとり）をしてみます。

●自分らしさに気づき、おたがいの個性のちがいを知り、おたがいを尊重する気持ちや態度を身につけることができます。

ゲームの展開

1「自分カード」をつくりましょう

❶最初にB4サイズの画用紙などを、ひとりに1枚用意します。
❷この画用紙を使って、自分のことについて書き出すカードをつくります。
❸3度折って（縦1回、横2回）横長の長方形のマスを8つつくります。
❹1番目のマスには、自分の似顔絵をかきましょう。
❺2番目から8番目のマスには、質問の項目にしたがって、自分のこたえを記入していきましょう。
❻質問項目は――
「自分の一番たいせつにしているもの」／「自分の一番好きなもの（スポーツ、食べ物、あそび、動物、テレビ番組、タレント、勉強など）」／「自分の苦手なもの」／「自分が一番ほしいもの」／「自分の家族のこと（家族全員でもその中のひとりでもよい）」／「自分の将来の夢」／「自分の名前について」／「最近あったうれしかったできごと」…などから、7項目のこたえを書き込んでいきます。
❼文でも絵(イラスト)でも、いいです。

2 グループをきめ、インタビューを「する人」「される人」の順番をきめましょう

❶カードに自分のことを書き終えたら、グループづくりに入り、グループワークを行ないましょう。
❷4～5人程度のグループにわかれて、インタビューする人とインタビューされる人の順番を決めましょう。

3 質問をひとつ選んで、メンバー全員へ…

❶最初にインタビューする人は、質問項目の中から質問することをひとつ選んで、メンバー全員へ順番にインタビューをしていきましょう。
❷インタビューを受ける人は、カードに書かれているとおりにこたえてもいいですし、つけ足してもいいです。決められた時間内に全員にインタビューをします。
❸合図で、ゲームを終了します。

！ おもちゃのマイクなどを用意しておくと、インタビューの雰囲気が出ます。

4 インタビューする人と、される人を順番に交代して…

❶最初の人、つぎの人と、順番にインタビューする役割を交代して、同じことをくり返していきましょう。
❷7つの質問項目からひとつ自由に選ぶのも同じです。全員にインタビューの順番がまわるまで行ないます。

！ メンバー全員が一巡したら、グループの組み合わせを交換して、新しいグループのメンバーで再度行ってもよいです。

5 みんなでふり返り、感想を伝えあいましょう

❶グループワークをふり返ってみましょう。
❷内容について感じたこと、新しい発見やよかったことなどを、感想として伝え合います。

Point

（1）いつもの仲よしグループの友だちでなく、交流の少ない子ども同士が組み合わせとなるような配慮が必要です。また、友人関係に課題を抱えている子どもについては、だれとでも公平にかかわれる子どもを同じグループに配置することを心がけ、リーダーは進行具合に注意を払いながら行ないましょう。
（2）このグループワークでは、コミュニケーションを楽しむことに主眼をおき、積極的なやりとりをねらいます。質問項目に書かれていないことをアドリブでインタビューしていくような工夫もできます。
（3）時間的に余裕がある場合は、メンバー同士のカードを交換し、読み合ってみることで、お互いが知らなかったそれぞれの一面に理解を深めることもできます。

11 キングとクイーンのマジックチェア

みなさん、人にほめられることが意外と少なくて、つまらない思いをしていたこと、ありますよね。ほめてもらいたいときにほめられると、うんとうれしくなるし、がんばろうという気持ちになります。

ここでは、みんなで、ひとりの友だちのよいところをみつけて、その友だちをうんとほめてあげるグループワークを行ないます。

特別な椅子（マジックチェア）に座ったひとりが、たくさんの友だちからほめことばを受けます。受けとったその友だちは、自分には思いもよらないよさがあることに気づくことができます。「私にもこんないいところがあったんだぁ」と、自信がわいて、ふしぎと自分をたいせつにする気持ちが生まれます。

みんなで順番に、この椅子に座ってみましょう。するとまかふしぎ！　友だちをほめる喜びも感じてきます。さあ、体験してみましょう。

ねらい

●自分へのいろいろな肯定的メッセージを、素直に受けとることによって、自分のよさに気づき、友だちに対して感謝の気持ちをもてるようになります。

●みんなが、ひとりの友だちのいろいろなよさを見つけます。ほめことばをプレゼントする体験をとおして、その友だちを尊重する心をはぐくみます。

ゲームの展開

1 なにかが、はじまる…？

❶リーダーは、特別な椅子・マジックチェア（ソファーなど）を1脚用意します。その椅子をかこむようにみんなで座ります。

2 マジックチェアって、なに？

❶リーダーは、マジックチェア（ソファーなど）を用意した理由を説明します。
❷マジックチェアにすわった人をみんなでほめてあげるグループワークをおこなうことを知らせます。

3 ほめられる友だちを決め、ほめことばを考えましょう

リーダー
マジックチェアに座る人を、みんなでほめてあげようと思うんだけれど、だれがいいですか。
ぼく、あまりほめられたことないから、座りたいなぁ。
よしこさんは、友だちに親切だから座らせてあげたい。
はずかしいから、やだよ。
よしこさんのよいところって、どんなところかなぁ…。
そうだなあ、よしこさんは、だれにでも親切にしてくれる…。
よしこさんは、だれにでもやさしく話しかけてくれる…。

❶リーダーは、マジックチェアに座らせる友だちを選びます。学習や活動でがんばった子、ほめられた経験が少ない子などを選ぶよう、くふうしましょう。だれを座らせるか、子どもたちに話し合わせるのもよいでしょう。
❷リーダーは、マジックチェアに座っている子に、ほめことばをプレゼントすることを伝えます。子どもたちは、ほめことばが思い浮かんだら、ほめられる人の気持ちを考えつつ、本当に喜んでもらえることばになるよう考えます。

4 心からほめましょう。ただし無理は禁物です

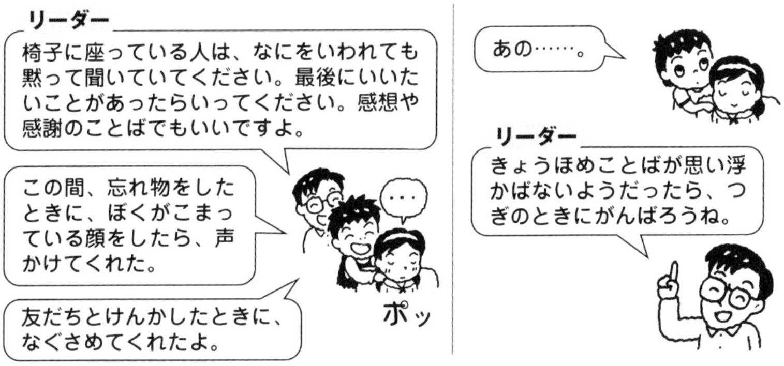
リーダー
椅子に座っている人は、なにをいわれても黙って聞いていてください。最後にいいたいことがあったらいってください。感想や感謝のことばでもいいですよ。
この間、忘れ物をしたときに、ぼくがこまっている顔をしたら、声かけてくれた。
友だちとけんかしたときに、なぐさめてくれたよ。
…
ポッ
あの……。
リーダー
きょうほめことばが思い浮かばないようだったら、つぎのときにがんばろうね。

❶リーダーは、友だちが順番にマジックチェアに座っている子のところにいって、その子の肩に両手をのせ、みんなの方を向いて大きな声でほめことばを伝えるようにうながします。
❷リーダーは、あまりうまくほめことばがいえない子がいたときは、けっして発言を強制せずに、交代させてあげましょう。

5 友だちにほめてもらったときの気持ちや感想を伝えましょう

リーダー
たくさんのほめことばをもらって、どんな気持ちでしたか？
自分の気づかなかったよいところをいってもらえて、とてもうれしかった。

❶最後に、リーダーは、椅子に座ってほめことばを受けとった子から、ほめてくれた友だちへ、感謝の気持ちを伝えるようにうながします。

Point

(1) マジックチェア（ソファーなど）を出すときは、子どもたちに目をつぶらせて目を開けると目の前に椅子があるなど、突然出てきたように演出すると楽しくできます。
(2) 学級活動の時間などを利用して、学級の全員が1度は座れるように配慮し、みんなからほめられる体験をさせてあげることが基本です。
(3) このグループワークをくり返していくと子どもたちは日常生活の中で友だちのよさを見つける視野を広げ、いろいろな視点で友だちをほめることができるようになります。
(4)「こんどはだれの番かな」という一人ひとりの期待感が友だちのよさを見つけようとする効果を生みます。お互いのよさを認め合い、尊重し合う心を育てます。
(5) 毎日の学校生活の終わりに、その日一番がんばって取り組んでいた子どもなどを、椅子に座れるキング＆クイーンとして選んであげるとよいでしょう。簡単なメッセージカードを書いて読みあげて、手渡していくのもよいでしょう。

12 あなたは、ワンダフル！

自分を表現するときには、自分のよさに気づき、自分に自信をもてることがたいせつです。でも自分のよいところって、なかなかわかりませんね。友だちからいわれると、「自分にはこんなよいところがあるのだ」と気づくことがあります。このグループワークではお互いを「ほめる」体験をしましょう。

自分のよさを認められるようになると、自分を尊重し、同時に相手も尊重できる心がうまれます。また、友だちをほめることで友だちを肯定的に認めていこうとする態度や心の変化がうまれます。

最初は、表面的にほめることからはじまり、知らず知らずのうちに、相手の内面的な、ほんとうのよさをほめることができるようになります。

ねらい

- 人と仲よくするときは、まずあいさつからはじめることがたいせつであることを知りましょう。
- 友だちをほめる活動をとおして、相手のよさをさがすことを体験しましょう。
- 友だちからのほめことばから、自分のよさに気づき、自分自身を肯定的に見ることができるようになります。

ゲームの展開

1 あいさつで、雰囲気をつくりましょう

❶リーダーは、リラックスするための「あいさつゲーム」などを子どもたちに教え、その場の雰囲気をやわらげます。
❷お互いに両手をあわせて、おでこを自分の両手につけ、先攻の人の合図（こんにちは）でお互いに顔を左右どちらかに出します。この時手はうごかさないようにします。同じ方向に顔を出しあってしまったら合図を出した人のかちです。

2 二重の輪をつくって…むかい合わせに座りましょう

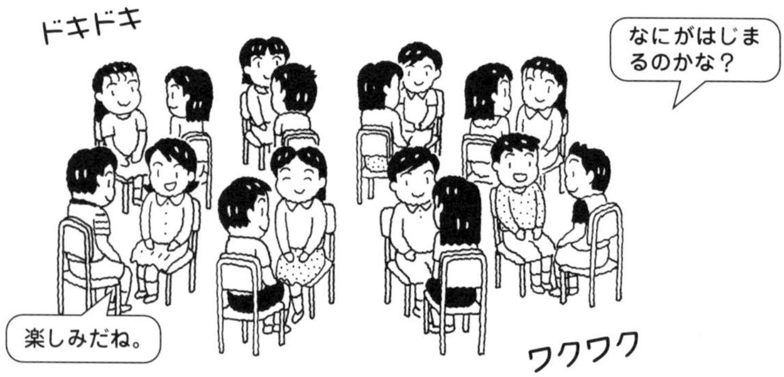

❶リーダーは、子どもたちに、友だちと椅子を使って二重の円をつくらせ、2人1組でむかい合わせに椅子へ座らせます。

3 おたがいに、握手を交わしてからいっぱいほめてあげましょう

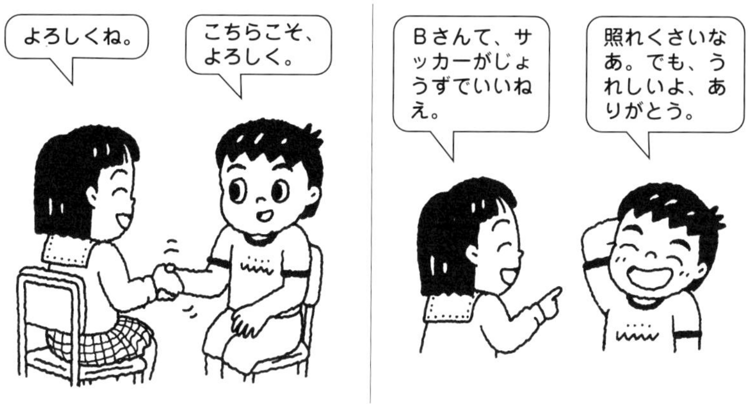

❶リーダーは、子どもたちに、おたがいに握手などをして、あいさつを交わすよううながします。「よろしく」などと、あいさつの声をかけ合うのもよいでしょう。

❷つぎに、円の内側か外側かで前半・後半を決め、子どもたちに友だちの「よい面」についておたがいに1分間、いっぱいほめてあげるように指示します。このとき、相手を傷つける表現を絶対にしないこと、ふざけたいいかたをしないことを約束させましょう。

4 おたがいに、役割を交代して…

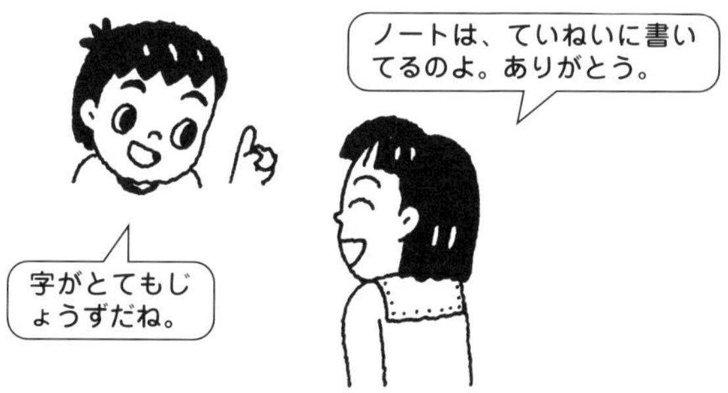

❶1分間ごとに拍手などで合図をして、役割交代を知らせます。

5 つぎに、相手をかえて…

❶つぎに、子ども同士の活動が終わったら、合図で円の内側か外側の子どもがひとりずれて、相手をかえて新しい友だちと組むようにうながします。そして、同じ活動をなんどかくり返していきます。相手と握手などをして離れるとよいでしょう。

6 終わったあとの発表を忘れずに…

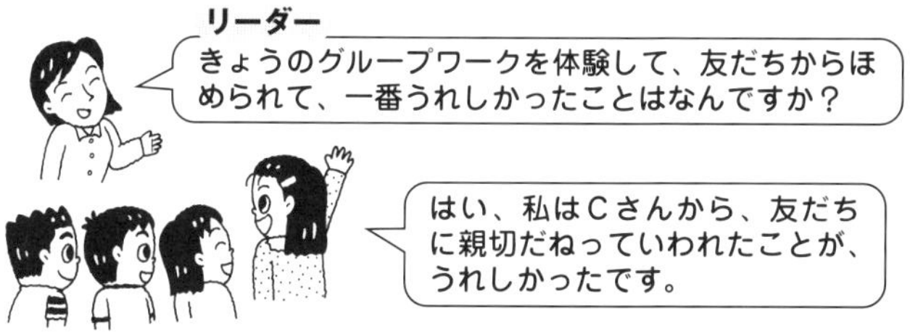

❶時間内にできるだけ多くの友だちとほめ合う活動ができるように配慮します。ゲームの終わりに“ふり返り”をさせます。友だちからほめてもらったことばで、もっともうれしかったことを発表しあいましょう。

Point

(1) ほめ合う活動がうまくいっていないグループについては、しっかりとほめ方のヒントなどのアドバイスしましょう。
(2) 日ごろの友だち関係にも配慮しながら行なうことも重要です。トラブルにならないように、ふざけていわないなど、活動のときの約束を決めておくとよいでしょう。

13 ありがとうカード

手紙やメッセージカードは、ことばとはちがって、受けとる人の手もとに、いつまでも残ります。ですから、友だちからの肯定的なメッセージの書かれた手紙やカードは、たいせつな心の財産になります。

日ごろのなにげない自分の思いやりや気づかいに対して、友だちから感謝の気持ちがそえられたメッセージカードが贈られたら、とてもうれしい気持ちになりますね。自分の行為や行動が、友だちに感謝され、具体的なことばとカードで伝えられると、自分を「いまの自分でいいのだ」と自己肯定できる素直な心がわいてきます。

このグループワークで、よりよい人間関係を結んでいく大切さを体験してみましょう。

ねらい

- 友だちのよさをさがし、発見し、メッセージカードやことばをとおして、その友だちをほめる活動を体験します。
- 友だちからの肯定的なことばやメッセージカードを受けとり、自分にもいいところや、能力があるという自己肯定、自分自身を尊重する感情をはぐくみます。
- 友だちからの肯定的なメッセージカードやことばに対して、感謝の気持ちをもつ心をはぐくみます。

ゲームの展開

1 まずは、グループづくりから

❶リーダーは、子どもたちを大きな輪にして椅子に座らせます。グループづくりのゲームを行ないます。
❷最初は、2～3名のグループや7～8名のグループづくりをして雰囲気を高めます。最終的に4～5名程度の小グループをつくります。

! グループづくりのやり方は、「34友だちをつくろう！」(P76、77)を参照してください。

2 よかったこと、うれしかったことを思い出しましょう！

❶リーダーは、グループの子ども同士に、おたがいに親切にされたことや、やさしくしてもらったことなどを思い起こしてもらいます。ありがとうの例として、みんなの前で、具体的な体験を発表してもらうのもよいでしょう。

3「ありがとうカード」を渡されて

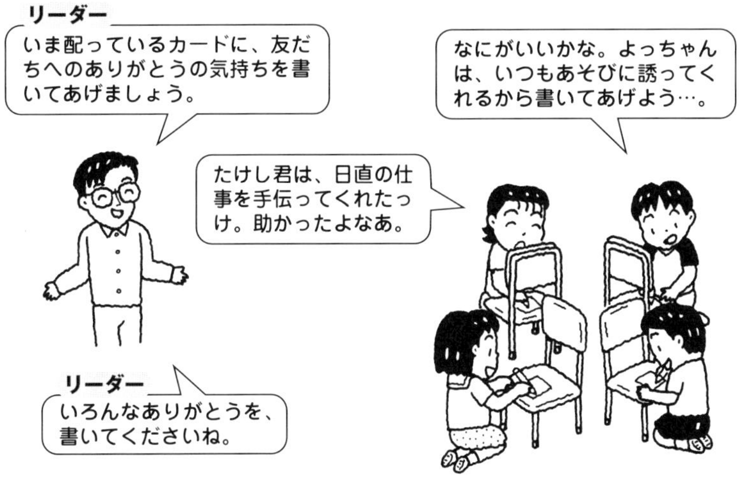

❶リーダーは、「ありがとうカード」（イラストや模様のある楽しい感じのカードを用意しておきます）を、ひとりにつき3〜4枚ほど配布し、友だちの親切ややさしさへのありがとうの気持ちを、メッセージカードに書くことを伝えます。

4 グループごとに、丸い円になって

❶リーダーは、子どもたちが「ありがとうカード」を書き終えたころを見はからって、決めてあった4〜5名ほどのグループごとに、丸い円になって椅子に座るように指示します。子どもたちが向き合って座ったら、ジャンケンなどで最初に「ありがとうカード」を渡される人を決めます。

5「ありがとう」のメッセージを読みあげましょう

❶リーダーは、グループごとにありがとうカードを渡す人と渡される人の2人が椅子から立つことを伝えます。渡す人は、渡される人にカードに書いてあるメッセージを読みあげ、そのあとカードを渡すよう伝えます。渡す人と渡される人は順次交代して、全員が同じことをしていきます。

❷リーダーは、小グループを巡回しながらグループワークの進行を見まもり、メッセージの伝えかたのアドバイスをします。全員がグループワークを終えたことを確認し、ふたたび新しいグループづくりをして新しいメンバーで同じグループワークを行ないます。

6 感想を発表し合いましょう

❶最後にこのグループワークのふり返りをみんなで行ないます。

Point

(1) カードに書き込む作業があるので、筆記用具やカードを必要とします。子どもの発達段階に応じてカードへの記入量やカードの形式を工夫することで、小学校低学年から大人まで応用することができます。

(2) 感謝のことばを伝えるための具体的なできごとが少ない場合は、相手への励ましやよさに対するほめことばでもよいでしょう。少人数で行なって、人と人のコミュニケーションになれたら、グループの人数を増やしていくとよいでしょう。

(3) 最後に行なう「ふり返り」は、自分の気持ちをいろいろな人に伝える練習になります。このグループワークの意味を考える機会としても大切です。

2 自分の気持ちをじょうずに伝えよう

「声にならない感動」とか「えもいわれぬ美しさ」とか「なんともいえない悔しさ」とかいう言葉があります。ふだんでも、自分の思いを相手に正確に伝えるのはとてもむずかしいことです。

気持ちが高ぶっていたり、相手に怒りや不信を感じていたり、逆に負い目や不安を感じていたりすると、なおのこと素直に表現できないものです。

また、はじめての集団に一人で入っていく時なども、はじめの一歩は、どきどきするものです。緊張や恥ずかしさで、つい目をそらせたり、無口になったりしがちです。

その結果、自分でも驚くような誤解を生んだり、逆に大変な思い込みをしたりといった経験はだれにもあるのではないでしょうか。

子どもだけではありません。大人だって気持ちがすれ違ったりねじ曲がって伝わったり、なかなか思うように人間関係が結べないことが多いものです。

ここでは、19の場面を提示し、どのようなことに気をつければ、相手に自分の真意が伝えられるかを具体的に示しました。また、数人集まれば実際に体験できるグループワークも3つ示してあります。親子で、また学級で挑戦してみてください。

輿水かおり（東京都教育相談センター・統括指導主事）

14 話しかたにもいろいろある

　話をするときにたいせつなことは、話し手と聞き手の一体感です。あなたが話を聞こうとしているときに、声が小さくて聞きとれなかったことはありませんか？　逆に、一生懸命に話し手に耳を傾けようとしているのに、マイクロフォンの声などで、ボリュームが大きすぎ、なんだか不快で、聞きづらかったことはありませんか？　こういうとき、話し手と聞き手とのあいだには、一体感はありません。同じ空間で同じように過ごしているのに、これでは、心をひとつにするのにはほど遠いのではないでしょうか？

　話をするときに、一番たいせつなことは、聞き手が気持ちよく聞けるための心づかいです。そのためには、話の目的や内容、聞き手の様子や話す場所などにも、十分に気をつけ

1　聞き手をたいせつに思う表情で、話しましょう

聞き手の方を見て、話しましょう。
ふらふらせず、まっすぐに立って。
うで組みをして話すのは、よくありません。

2　声の大きさに、気をつけていますか？

大人数のとき・広い場所で話すとき　　**少人数のとき・静かな場所で話すとき**

大きな声で話しましょう。
マイクが必要なときは、マイクを使います。
小さな声で話しましょう。

なければいけません。

聞き手が、大ぜいであっても、まるで1対1で話されているような気持ちにさせることができたら、すばらしいですね。

アドバイス

話し手と聞き手では、一見、話し手の方が心身ともに負担が大きいような印象がありますが、実は、聞き手の負担の方がずっと大きいのです。ですから、話し手は、聞き手が気持ちよく聞くことができるように、心・ことば・行動に気をつけなければなりません。

思いがけず影響が大きいのが、ことば以外でのコミュニケーションです。話し手の表情や語調、姿勢などは、ことばの意味以上に特別なメッセージを送ることもあるのです。「いい」が「いや」に、「好き」が「嫌い」に伝わってしまったりなど、話の内容が全く反対の意味に解釈されることもあります。

3 聞き手の反応に、気をつけていますか？

先にすすんでいいですか？
ここまでで、わからないところはありませんか？
聞き手が理解できていない様子なら、ていねいに聞き返します。

4 いつも「1対1」の対話のしかたが基本です

1対1の場合

相手の方を見て、心を込めて話します。

大人数の前で話す場合

いつも1対1のときと同じつもりで話しましょう。

15 じょうずにあいさつをす

あいさつは、心と心の握手です。あいさつで心がつながると、相手に元気を与え、自分もますます元気になることができるのです。コミュニケーションの基本は、どこの国でもあいさつです。さあ、あいさつをじょうずにするコツを覚えましょう。

あいさつをするときにたいせつなのは、声の調子と表情です。心のこもったあいさつか、そうでないかは、表情などから相手に伝わっていきます。あいさつをされたら、心をこめて返しましょう。相手の目を見ることもたいせつです。できる人は、自分からあいさつをします。明るい声と明るい笑顔でできるといいですね。

友だち同士でも同じです。大人に会ったら、会釈をしてみましょう。もう自分はあいさつ

1 心を込めて、あいさつしましょう

大人に向かって

おはようございます。
おはよう！

笑顔で。
明るい声で。

2 自分から、あいさつしましょう

お友だち同士

おはよう。
おはよう。

友だちにもすすんであいさつしましょう。

るには…

じょうずだと思う人は、「○○さん、おはようございます。」「今日もよろしくお願いします。」など、相手の名前を呼んでみましょう。そして前向きなことばもつけてみましょう。

アドバイス

あいさつが人物そのものを表現するということ、人とのかかわりの基本であること、社会生活をしていくためには重要視されていることなど、その意味については十分に理解させる必要があります。

“あいさつをする習慣”は、身についてしまえば簡単ですが、それまでには意外に時間と努力とを要するものです。反対に“あいさつをしない習慣”というのは、あっという間に身についてしまうものです。てれくさい、めんどくさい、かっこ悪いなど、不適切な感覚が身につく前に、大人からしっかりあいさつをし、あいさつをされたときの気持ちよさを体感させていくと、とても効果的です。あいさつの前に「～さん」と呼びかけることは、大人の場合でも人間関係の向上に、大変効果的です。

3 静かな場所や、少し遠いとき…

…………

このようなときは、声を出さずに、頭をさげるだけでよいです。

4 さらに、レベルアップさせて…

教頭先生、おはようございます。
きのうは、ありがとうございました。
きょうも、1日よろしくお願いします。

プラスアルファのことばで、あいさつのレベルアップをはかりましょう。

16 「ありがとう」をじょうずに

「ありがとう」をいうときに一番たいせつなのは、心です。心をこめて「ありがとう」というときに、はじめて相手に伝わります。その心を伝えるものが「ことば」と「行動」なのです。「ことば」には、とても大きな影響力があります。正しく気持ちのいいことばを使いましょう。

「ことば」を話すときにたいせつなのは、いいかたです。声の大きさ、聞き取りやすさ、ひとつひとつのことばをていねいに発音することなどがたいせつです。

「行動」で、たいせつなのは、まずは顔の表情です。相手の目を見ていえていますか？ 目でも「ありがとう」といえていますか？ それから、にっこりと笑っていますか？　いっしょうけんめいな顔ですか？　体は、相手

1 相手の目を見て…

ありがとう。

下を向いたり、キョロキョロせずに、相手の目をちゃんと見ます。

2 顔の表情と、体全体で…

笑顔で

ありがとう。

まじめな顔で

ありがとう。

体は相手の方に向けて、近づきながら。

いうには…

の方を向いていますか？　相手からはなれすぎていませんか？

「ことば」と「行動」で、話し手の心はまる見えになってしまいます。

自分の「ことば」と「行動」について、周りの人から、アドバイスなどをもらうといいですね。

アドバイス

心の見えない、口先だけの「ありがとう」が多く見られます。これでは何の意味もありません。「ありがとう」を心から発せられる子どもを育てたいものです。

心とことばと行動は、切りはなせません。とくに感謝を伝えるときには、とても重要です。子どもに「感謝の心」を教えていくには、形から教える場合と心から教える場合があります。「ことば」「行動」は、形からの教育ではありますが、きちんと意識させていけば、形と心のバランスがとれてきます。そして、大人からの心のこもった「ありがとう」こそが、子どもの心を育てていくのです。

3 いいにくかったり、いい忘れたりしたら…

電話で

もしもし。さっきはありがとう。

なるべく早めに伝えるようにしましょう。

手紙で

直接いいにくいので、手紙で書きます。お母さん、いつもありがとう。

①素直な心で、正直に書きましょう。
②話すように書けば、あんがいすらすらと書けます。

4 さらに、たくさんの「ありがとう」を…

あたりまえにみえることでも

いつもありがとう。

意識していなかった人にも

ありがとう。いままで気がつかなかった。

小さなことにも

○○を、ありがとう。

17 「ごめんなさい」をじょうずに

だれにでも、失敗やあやまちはあります。そうしたときには、自分の非をすぐに素直に認め、心からあやまることがたいせつです。

ときには、自分の失敗をすぐに認めるということが、むずかしいこともあります。相手も悪くて、その結果起こってしまうこと、自分には関係がない原因によって失敗につながってしまうこともあります。でも、してしまったこと、相手に迷惑をかけてしまったことについては、すぐにあやまる勇気をもつことがたいせつです。わけがあるときは、そのあと、相手にきちんと説明しましょう。あやまる前に「自分だけが悪いのではない」と相手を責めたり、「だって…」といいわけをしたりすると、ますます相手との関係が悪くなります。

1 すぐに、あやまりましょう

階段でぶつかったりしたとき…

1
あっ、いたい！
2
ごめん！

階段で足をふんでしまったとき…

1
おおっ、
いててて…！
2
足をふんでしまって、ほんとにごめん。

①直接相手とのかかわりで生じたことは、すぐにその場であやまると、相手の怒りもしずまりやすくなります。
②相手を見て、しっかりと頭をさげて、ていねいにあやまりましょう。

2 相手の立場を、気づかいましょう

1
だいじょうぶ？
けがしなかった？
痛かっただろ。
2
急にぶつかったから、びっくりしただろ。
3
だいじょうぶだよ。

相手の立場や状況を気づかうひとことをいいましょう。相手がだいじょうぶだったかを確かめたり、相手の気持ちを想像して、ことばをかけるとよいですね。

いうには…

相手の気持ちを考え、心をこめてあやまれば、それは、きっと相手に伝わります。「ごめんなさい」は、気持ちのよい人間関係をつくるうえでたいせつなことばです。

アドバイス

「ごめんなさい」は、「ありがとう」と同様、毎日生活していくうえで欠かせないことばです。ところが、あやまる気持ちはあるのに黙っていたり、どうあやまったらよいかわからない子どもが見られます。子どものうちから、失敗を素直に認め、あやまることを身につけさせましょう。

大人は子どもの失敗に対して、ただ「しかる」だけでなく、きちんとあやまれたときには、子どもが「自分の過ちに気づき」「それを素直に認め」「あやまったこと」を認めてあげる必要があります。そうしないと子どもは、隠そう、ごまかそうとする気持ちが先に立ち、あやまる方法がなかなか身につきません。あやまったことに対して相手を許してあげる気持ちも大切であることを、あわせて教えましょう。

3 まず、あやまってから、状況を報告しましょう

あやまる相手が、その場にいないとき

あ～

1
どうしたの？
みんなそろって…。
2
ごめんなさい。
ガラスを割ってしまいました。

①まず、あやまったあとに、事実や状況を報告します。このとき、○○くんのせいでこうなったなどのいいわけは、やめましょう。状況を正確に説明すれば、相手は、自分たちが悪いか悪くないか、判断してくれるからです。いいわけばかりすると、かえってよくない印象を相手に与えます。
②相手の目をしっかりと見て、素直にあやまります。

4 自分の気持ちを話しましょう

あやまったあとに…

1
校舎の近くでボールをけっていたのが悪かったんだと思います。こんどから、校庭のまん中でやります。
2
窓ガラスがあるから、校舎の近くは避けなきゃね。
3
はい。もう、しません。
こんどから、気をつけます。

①してしまったことは、しかたがないことです。つぎからどうするかを考え、二度と同じ失敗をくり返さないことがたいせつです。
②場合によっては、このあとどうしたらよいかを、指導してもらいましょう。
③あとかたづけも、忘れずに。

18 初対面の人ときちんと話

はじめて会った人と話すとき、みなさんはどのようにしていますか？　平気で話せる人もいるでしょうが、大部分の人が、どのように話しはじめればいいのかわからないのではないでしょうか。そんなときは、まずあいさつをしてみましょう。あいさつには、人と人との心を結ぶはたらきがあります。そのため、そのひとことがきっかけとなって、話しやすくなるはずです。

あいさつによって、緊張がとけたら、簡単な自己紹介をしましょう。相手が話しているときは、相手の身になってしっかりと聞いてあげましょう。相手の目を見て、ことばをくり返したり、たずね返したりしながら、聞いてあげることです。それにより、おたがいのあいだに安心感が生まれます。

1 出会ったときに、あいさつをしていますか？

1 あの子は誰なんだろう。見たことがない子だわ。

2 こっちを見ているけど、なにかいいたいのかな。だれなんだろう？

3 なんて声をかけたらいいんだろう。ああ、いっちゃった！

4 どうしていいかわからない。まあ、いいわ。いこう。

はじめて出会った場合、緊張のあまり、なにもいえなくなってしまったことはありませんか？
それは、相手も同じです。まずは、あいさつをしてその緊張をとくようにしましょう。

2 あいさつをして、自分の名前を知らせましょう

1 こんにちは。「青木みか」といいます。よろしくお願いします。

2 はい、私は「鈴木さち」です。こちらこそ、どうぞよろしくお願いします。

3 「さち」さんですね。私の名前の「みか」はひらがなで書くのだけど、さちさんの「さち」は、どういう字ですか？

4 私の名前も、ひらがなで書くのです。「みか」さんと同じですね。しかも、2文字なのも同じですね。

すには…

それから自分のことを話しはじめるとよいでしょう。相手は、もっとあなたのことを身近に感じ、自分のことを話すようになります。

自己紹介のキャッチコピー（名前の由来や家族、趣味など）をもっているといいですね。

アドバイス

初対面の人と話す場合も、そうでない場合も、基本的には話し方には変わらないということを押さえてあげるとよいでしょう。人とのかかわりを持つための手段として、あいさつが欠かせないものであることを再確認しましょう。そして、相手の話を全身全霊を傾けて聞いてあげることが、相手との距離を縮めることであり、初対面の人との人間関係づくりに重要な要素であることを、十分に指導してあげましょう。話し相手が自分の身になってしっかりと話を聞いてくれている人であることがわかると、心を開いてくれます。そのことを実感させることです。

また、自分のことを語ることは、相手に自分のことをわかってもらうとともに、相手の自己開示を促す手段となることにも気づかせましょう。

3 なにを話したらいいか、こまっていませんか？

1 はじめて会った子だから、好きなこともわからない。どうしよう。

2 私が好きなことは、バレーボールなんだけど、この子はなにが好きなんだろう。

3 あなたの好きなことは、なんですかって聞いてみようかな。

4 ねえ、私はバレーボールが好きなのだけど、あなたはなに？…って、聞いてみればいいかな。

自分のことを語ると、相手との距離がぐっと縮みます。自分が好きなことや最近うれしかったことなど、自分の思いを話しましょう。きっと相手も自分のことを話しはじめます。

4 自分のことを話して、わかってもらいましょう。

1 わたしは、絵を描くことが大好きなの。ひまさえあれば、描いているわ。

2 へぇ、そうなんだ。みかちゃんは、どんな絵を描くの？

3 花や木や山などの自然を描くことが好きよ。このあいだは、市民公園にある桜の木を描いてきたわ。

4 みかちゃんは、自然が好きなのね。私は、バレーボールが好きなの。先週の土曜日には試合があって、勝ったわ。

5 へぇ、バレーボールの試合で勝ったの。すごいわね。練習をたくさんするのでしょうね。

6 ええ。月･水･金曜日は、4時から6時まで。土曜日は、2時から5時までやっているわ。

19 目上の人ときちんと話す

みなさんは、目上の人と話すときに気をつけていることはありますか？　大部分の人がことばづかいとこたえるでしょう。頭ではわかっていながら、ていねいに行なわれていないのがじっさいです。ここでは、ことばづかいについて考えます。

まずは、道をたずねる場合です。みなさんは、どのようにたずねますか。仕事をしている人や歩いている人など、その場によってたずねる人はちがってくるでしょう。相手の状態を考えて、「お忙しいところすみません」などのことばをそえて、たずねるようにしましょう。

また、友だちのお母さんや地域の人と話す場合も、ていねいなことばづかいで話すように心がけましょう。相手の話をよく聞いて、

1 目上の人に対して、正しいことばづかいをしていますか？

1 ○○図書館へのいきかたが、わからなくなっちゃった。そうだ、そこのお店の人に聞いてみよう。
2 あのう、○○図書館へはどう行けばいいの？
3 あら、どこの子かしら？
4 ○○図書館は、この先の交番を右にまがって、2つ目の信号を左にまがった通りぞいにありますよ。

目上の人と話すときには、ていねいなことばを使いましょう。目上の人は友だちではありませんので、友だちのような話しかたは、適切ではありません。

2 目上の人には、敬語を使って話しましょう

1 あのう、お忙しいところすみません。○○図書館へのいきかたが、わからなくなってしまったのですが、教えていただけませんか？
2 ええ、いいですよ。○○図書館は，この先の交番を右にまがって、2つ目の信号を左にまがった通りぞいにありますよ。
3 交番を右にまがって、2つ目の信号を左にまがるのですね。よくわかりました。
4 車の通りがはげしいから、気をつけていきなさい。
5 はい、わかりました。気をつけます。ありがとうございます。

相手のいったことばの中で、自分にとって重要なことばは、相手に向けてくり返し確認し、質問をしっかりしたものとして終わらせましょう。

には…

それについてこたえたり、たずね返したりするとよいでしょう。

アドバイス

話す相手や目的、場などにふさわしい適切なことばづかいをさせたいものです。異学年の相手、教職員や学校外の人々など、多様な場面の多様な相手に対して、さまざまな事柄を話すことができるようにしましょう。

丁寧なことばづかいや敬語の使い方をしっかりと指導できる時間を設定し、実際に話す場面も設定します。そして、必ずふり返らせることも大切です。ふり返りにより、意識して話ができるようになります。

3 友だちのお母さんと、話してみましょう

1 こんにちは。このあいだごちそうになったクッキー、とてもおいしかったです。ありがとうございました。

2 まあ、りかちゃん。こんにちは。しっかりとあいさつができて、りっぱね。そうそう、りかちゃんが演じた森の精は、すてきだったわよ。

3 ありがとうございます。とてもドキドキしていたのですが、みんなでがんばろうと約束していたので、無我夢中で演じました。

4 そう、よくがんばったわ。みんなの気持ちがひとつになるっていうことは、素敵なことね。

4 地域の人と、話してみましょう

1 こんにちは。○○小学校の河合です。きょうは、お手伝い探検のときにさせていただく仕事のやり方を、教わりにきました。よろしくお願いします。

2 はい、こんにちは。ごくろうさま。今日は陳列とレジの仕事をしてもらおうと思っています。

3 はい、陳列とレジですね。まず、陳列のやり方を教えてください。

4 そうだね。お弁当やおにぎりが届くから、まず数のチェックをするよ。そして、日づけの古いものを前に出し、新しいものは奥におくとしよう。

5 メモをとらせていただいて、いいですか。

6 はい。どうぞ。

! メモをとる場合は、「メモをとらせていただいていいですか」などときちんとことわり、時間をかけずに、要点のみを書くようにします。話し終わったときの「ありがとうございます」のあいさつも、忘れないようにしましょう。

20 自分の考えをじょうずに伝

人と人が話をする時には、次の3つの話しかたがあります。

1つめは、自分の思いや気持ちを一方的に相手に伝えるやり方で、話を聞く相手にとっては伝えられていることをとても受け入れる気持ちになれない話しかたです。

2つめは、反対に相手の気持ちに気をつかいすぎてしまって伝えたいことがはっきり伝わらない話しかたです。話を聞く相手にとっては何を伝えたいのかわかりにくくてもどかしさを感じてしまいます。

3つめは、自分の気持ちも相手の気持ちもたいせつにする話しかたです。この話し方では、お互いの伝えたい気持ちを大切にしているので、お互いがなっとくできるところへと話の内容をまとめることができます。伝えた

1 自分の気持ちだけを話していませんか？

1 なんで約束を守らないんだ!! もう、あそばないからね。
カァ〜
2 そんなあ…。いきなりいわれても…。

一方的に、自分の思いだけを相手に伝える話しかただと、話を聞いている相手は、いやな気持ちになり、素直に話を聞くことができません。

2 相手の気持ちばかりを考えていませんか？

1 あのう…。そのう…。昨日のことなんだけど…。いや、なんでもないんだ。
モジモジ
2 どうしたの？なにかいいたいことがあるの。早くいってよ。

ほんとうは伝えたいのですが、相手に悪いような気がして伝えられないときもあります。でも、それでは、かえって相手はもういい加減にしてほしいと思ってしまいます。

えるには…

い人も伝えられた人もとてもよい気持ちで話を終えることができる話しかたです。

アドバイス

　人に何か伝えようとするときは、自分のいまの気持ちを「わたしは○○と思う。」「ぼくは○○と思う。」と主語を入れて伝えましょう。
　自分のいいたいことが正確に伝わっているか、相手の立場も考えながら伝えているかを確かめながら伝えます。相手の立場や状況を理解し、自分の立場も伝えながら折りあえる話し合いの到達点を探し、お互いに納得できるところが見つかったら、そのことを約束をします。いばるように相手を責めたり、遠慮しすぎて何をいいたいのかはっきりいわないでいると、相手も聞くのがいやになってしまいます。
　自分の伝えたいことに自信をもってはっきりと伝え、相手のいい分もきちんと聞くことを心がけるよう指導しましょう。

3 自分の気持ちも、相手の気持ちもたいせつにして話しましょう

1 ぼくね、きのうのこと、とっても残念に思ってるんだ。

2 えっ、なあに？

3 きのう遊ぶ約束してたよね。ぼくは、ずっと、きみがくるのを待っていたんだけれど…。なにかあったの？

4 あっ、ごめん、こめん。それには理由があってね…。

5 どうしたの。なにか特別な用事でもできたの？

！ 自分の気持ちを素直に伝え、相手の立場も配慮して話します。

4 相手のいいぶんを聞き、自分の気持ちを素直に伝えましょう

1 急に、親戚の人がきてしまって…。

2 そっか…。でもこられなくなったことを、ぼくに連絡してほしかったよ。

！ ①約束を守らなかったことに納得がいかないときは、その気持ちを伝えます。
②約束が守れなかった理由がわかったら、待っている自分のことも配慮してほしいと伝えましょう。

1 これからは、ちゃんと連絡してね。

2 ごめんね。これからはそうする。

！ 自分の気持ちも相手の気持ちも理解し合うように、努力しましょう。

21 仲間に入りたいときは…

新しいクラスになったときや、べつの友だちとあそんでみたいなと思ったとき、すでにいる仲間や遊びグループに入ろうとするのには、ちょっと勇気がいりますね。なんといったら入れてくれるかな、もし断られたらイヤだなあ、などと考えてしまいます。でも、そこで声をかけるのをやめてしまうと、いつまでたっても新しい仲間はできません。思いきって声をかけてみましょう。

仲間に入るには、相手やその場の状況によってことばを考える必要があります。また、声をかけるときには、①相手に近づいて、②明るい表情で、③明るい声で、④調子よく、「入れて！」といえるとよいですね。

また、声をかけるタイミングもたいせつです。相手が自分のほうを見たとき、みんなの

1 なんて、いおうかな？

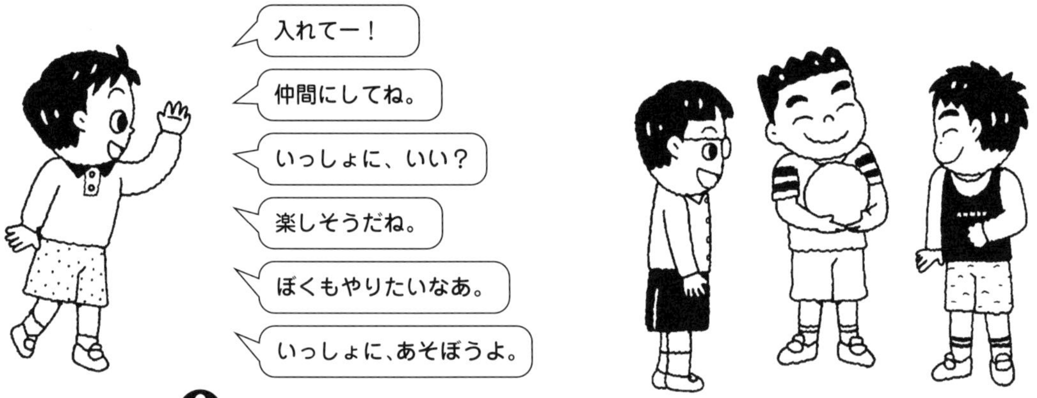
入れてー！
仲間にしてね。
いっしょに、いい？
楽しそうだね。
ぼくもやりたいなあ。
いっしょに、あそぼうよ。

「入れて…」だけでなく、いろいろないいかたを考えて、いってみましょう。

2 どうやって、いおうかな？

みんなに近づいて

みんなの方を向いて大きな声で

いれて——。

ニコニコ顔で

会話と会話のあいだ、あそびはじめるまえなど、様子をよく見て話しかけましょう。じょうずに声をかけて、たくさん友だちを増やしましょう。

アドバイス

●4～5人のグループでの練習させましょう

【低学年】 1人が仲間に入る役です。残りの人は、輪になっています。1人が、「入れて」と声をかけます。他の人は、「いいよ」といって輪の中に入れてあげます。上手にいえたら、みんなで拍手をします。仲間に入る役は、交代で全員体験します。仲間に入れてもらうほうにも、入れてあげるほうにも、うれしいという気持ちを体験させましょう。

【高学年】 低学年と同じように練習した後、上手だったところ、直したほうがよいところをいってあげましょう。

例)「明るい感じでよかったけど、もう少し近くでいったほうがいいね」などお互いに話し合うように設定します。

3 入れてもらえたら、お礼をいいましょう

「いいよ」といわれたら

1. ありがとう。
2. わー。よかった。
3. ありがとう。うれしいなあ。

あそび終ったら

1. ありがとう。楽しかった。
2. 入れてくれて、ありがとう。
3. きょうは楽しかった。また、遊ぼうね。

①すぐにお礼をいって、うれしい気持ちを伝えましょう。
②もうひとことお礼をいって、楽しくすごせたことを伝えれば、つぎは、もう仲間の一員！

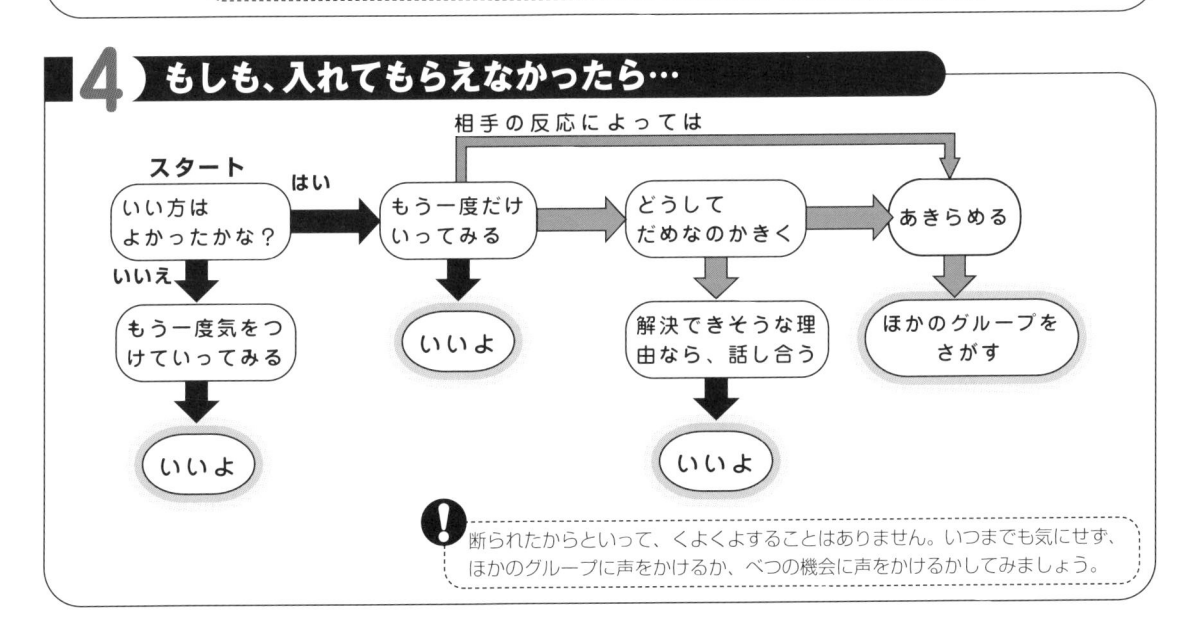

4 もしも、入れてもらえなかったら…

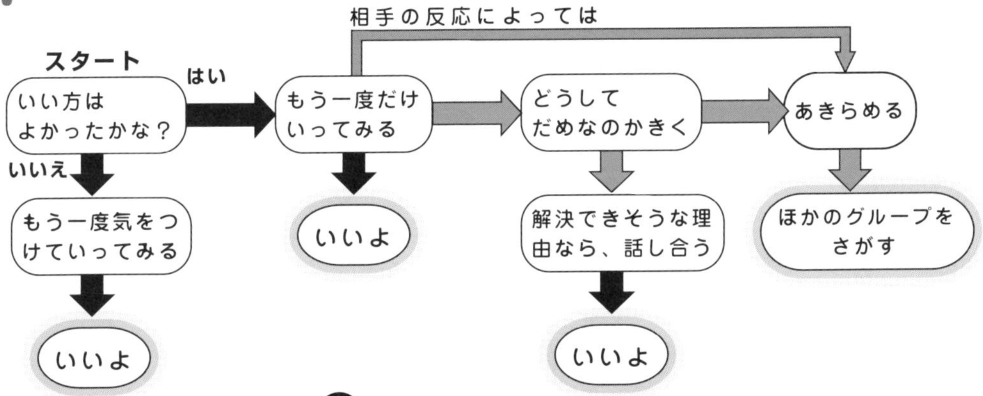

相手の反応によっては
スタート
いい方はよかったかな？
はい
いいえ
もう一度気をつけていってみる
いいよ
もう一度だけいってみる
いいよ
どうしてだめなのかきく
解決できそうな理由なら、話し合う
いいよ
あきらめる
ほかのグループをさがす

断られたからといって、くよくよすることはありません。いつまでも気にせず、ほかのグループに声をかけるか、べつの機会に声をかけるかしてみましょう。

22 友だちの本が借りたいと

友だちに手伝いを頼んだり、ものを借りたりすることは、日常よくあることですね。そんなとき、あなたの頼みかたしだいで、友だちは気持ちよく引き受けてくれたり、そうでなかったりします。自分が相手にものを頼みたいときは、相手のつごうをよく考えたうえで、なにを頼みたいのかはっきりさせ、積極的に相手にはたらきかけることがたいせつです。

ものを頼むには、①あいさつをする（頼みがあることを伝える）、②頼む理由をいう、③自分の頼みたいことを、はっきりわかりやすく伝える、④相手に聞き入れられたときの結果や、そのときの気持ちを予想していう、⑤お礼をいう、の順にするとよいでしょう。

また、頼むときには、相手のつごうをよく

1 いきなり頼んでも…

1
ねえ、「○○」っていう本貸してよ！いいでしょ。
2
えーっ。そんなこといわれても…。

どんなときでも、わけも話さず、自分の要求をいきなり話すのは、相手に失礼になりますね。貸してもいいようなものでも、相手に貸してやるものかという気持ちにさせてしまいます。

1
その本、ちょっとかりるぜ！
2
あーっ。ちょっとまってよー！

相手を無視した強引な行ないは、相手が断りたくても断る時間もありませんし、嫌われてしまうことになります。

2 タイミングを考え、相手の気持ちを想像して…

1
その本、おもしろそうだから貸して。
2
せっかくみんなで盛りあがっているんだから、あとにしてよ。

相手がいそがしそうなときや、気分がよくなさそうなときは、さけましょう。

1
その本、見せてくれないかしら。
2
まだ、読み終わってないのに、見てわからないのかしら。

相手が、いまどんな状態なのかを考えましょう。

きは…

考え、「もし、読み終わっていたら…」など、ていねいに話すこともたいせつですね。相手のつごうによっては、断られることもありますが、そのことも予想しながら頼むと、断られても腹が立ちません。

アドバイス

ここでは「友だちの本を借りる」という例で、ものの頼み方を示しましたが、その他のことで人にものを頼むときも、この基本の形でいえるよう指導します。もちろん、頼む内容や相手との親しさで、全部いわなくてもよいときもあります。

●いろいろなケースで練習しましょう

（1）筆箱を忘れた。テストなので、鉛筆と消しゴムを借りたい。
（2）重い荷物を4階まで運びたいけど、人数が足りない。いっしょに運んでくれる人が欲しい。
（3）用事ができたので、係の当番を明日とかわって欲しい。
（4）ドリルの問題でわからないところがあるので、教えて欲しい。

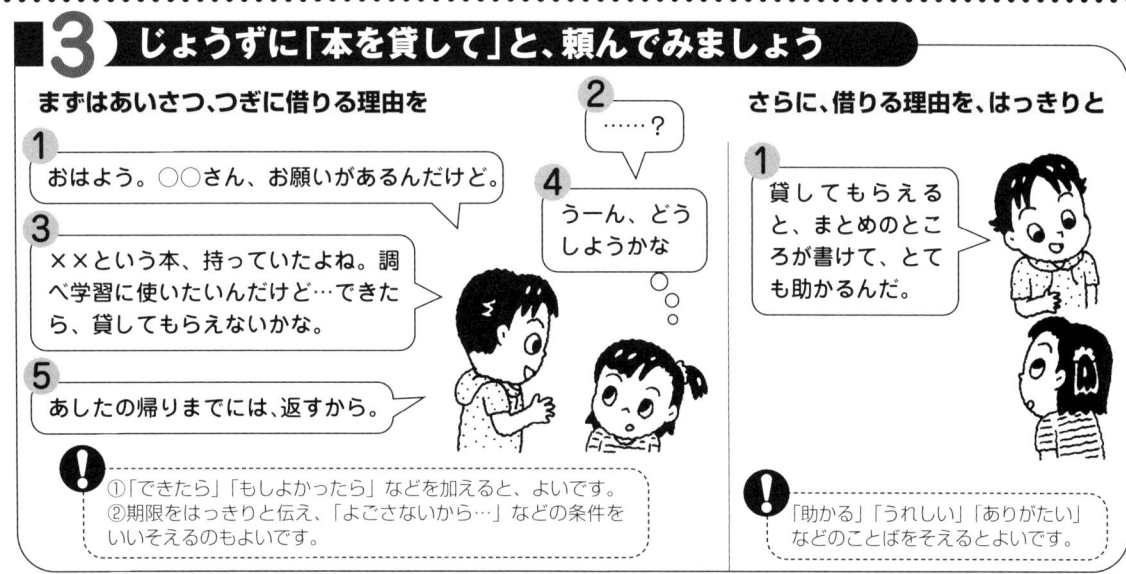

3 じょうずに「本を貸して」と、頼んでみましょう

まずはあいさつ、つぎに借りる理由を

1 おはよう。○○さん、お願いがあるんだけど。

2 ……？

3 ××という本、持っていたよね。調べ学習に使いたいんだけど…できたら、貸してもらえないかな。

4 うーん、どうしようかな

5 あしたの帰りまでには、返すから。

①「できたら」「もしよかったら」などを加えると、よいです。
②期限をはっきりと伝え、「よこさないから…」などの条件をいいそえるのもよいです。

さらに、借りる理由を、はっきりと

1 貸してもらえると、まとめのところが書けて、とても助かるんだ。

「助かる」「うれしい」「ありがたい」などのことばをそえるとよいです。

4 お礼を、忘れずに…

1 ありがとう、助かるよ。

2 ありがとう、たいせつな本を貸してくれて。

断られたときは、相手のつごうもあるので、それ以上たのまずに、べつの方法を考えましょう。

23 だいじな物を貸してとたの

友だちからものを頼まれたとき、引き受けてあげれば相手は喜んでくれるし、あなたも気分がいいですね。でも、なかには、あなたが引き受けたくないことや、引き受けられないこともあるかもしれません。

そんなとき、相手を傷つけないようにと、むりして引き受けてしまったり、はっきり断り切れなくて相手にあなたの気持ちがつうじなかったりしたことはありませんか？

自分が引き受けたくないと思ったら、はっきり断ることがたいせつです。自分の気持ちをたいせつにしながら、相手も傷つけないような断り方を考えてみましょう。

（1）相手の気持ちにそえないことを、あやまる。

（2）断る理由を話し、はっきり断る。

1 はっきりしない態度や返事は、誤解を与えます

1 うーん。どうしようかなあ。
2 でも…えっと…。貸してあげたいんだけど…。
もじもじ
やった！
3 いいのね！ありがとう！

①どちらだかわからないような返事では、相手は頼みを聞いてくれたと思ってしまいます。
②いつもこのような態度では、友だちから、この人は「頼めばなんでもいうことを聞く人」だと思われてしまうこともあります。

2 おこっていったり、乱暴にいったりしてはいけません

1 いやだね！
だいじな物なんだから、
貸せるわけないだろ。
なんで貸さなきゃならないんだよ。
プンプン
2 そんないいかたすることないだろ。
こっちは、頼んでいるだけなのに。
貸してくれたっていいじゃないか。ケチ！

①たいせつな物は、貸さなくてすみますが、相手との仲は悪くなってしまいます。
②こんな断りかたをしていると、つぎこちらがなにか頼んでも、相手は聞いてくれなくなります。

まれたら…

（4）もし代わりにできることがあったらそれを伝え、そして、もう一度あやまる。

　きちんとていねいに断れば、相手もきっとわかってくれるはずです。

アドバイス

　断ったあと、相手が、いやな気持ちにならなかったかふり返るよう指導します。とっさにうまく断るのは、慣れないとなかなか難しいものです。

●何といって断ったらよいか練習させましょう

（1）遊びにきた友だちに、□◇△のゲーム貸してといわれた。
（2）買ったばかりの人気のマンガ本を、貸してといわれた。
（3）仲のよい友だちに、宿題の答えを写させてといわれた。
（4）運動が嫌いなのに、ドッジボール大会のメンバーが足りないから試合に出てといわれた。

　ただし、悪いことを頼まれたときや、道徳的に許されないことを頼まれたときは、はじめからきっぱりと断ってよいと教えましょう。

3 じょうずに断るには…

1 ○○のＣＤ買ったって、いってたよね。ちょっと貸してもらえないかな。
2 ほんとうにごめんね。貸してあげられたらよいのだけれど…。
3 あのさ、このまえ、誕生日プレゼントに買ってもらったばかりで、とてもたいせつにしているんだ。

!
①まずあやまってから、理由を話します。
②ほんとうの理由ではなく、相手がおこらないような理由を話したほうがよい場合もあります。

4 きちんと断り、かわりにできることがあれば伝えましょう

1 きちんと断る
だから、貸してあげられないんだ。
2 もう一度あやまる
貸してあげられなくて、ほんとうにごめんね。
3 かわりの案をいう
△△のＣＤなら、貸してあげられるのだけど…。

!
①断られる相手の気持ちをよく考えて、ていねいに断りましょう。
②かわりの案がないときは、「また、なにか役に立てそうなことがあればいってね」など、すべて断るつもりではないことを伝えます。

24 悪いさそいをことわるには…

友だちからもし万引きなどの悪いことにさそわれたら…、と考えたことはありますか？ また、いやだなあと思っていることにさそわれ、断りづらかったことはありませんか？

たしかに、ふだん仲のよい友だちだからこそ、さそいを断るのがむずかしいことがあります。仲間はずれにされたら、友だちとうまくいかなくなったらと考え、いいたいことがうまくいえなかったということは多いはずです。

でも、よく考えてみれば、いやなことを「いや」といえないのは、友だち関係としては望ましくありませんね。相手にさそわれたとき、自分がいやならば「いや」とはっきりと断ることがたいせつです。あいまいな態度や期待をもたせるような態度が一番いけませ

1 モジモジしたり、オドオドしたりしていませんか？

1
これ、見て…。どうしたかわかる？
2
えっ…。それって、まさか…！
3
そう、ちょっとそこのお店からいただいちゃったのさ。
4
えっ!?
な、な、なんか…すごいね。
5
くにひこも、これ、ほしいだろ？

! あいまいな態度が、さそうほうを、もっと強い態度にしていきます。

2 あいまいに、断る理由を述べていませんか？

1
ぜったいに、うまくいくから。かんたんだし。ね、気楽にいこうよ。たしかまえからほしいっていってたじゃないか。
2
だって、そんなこといわれたって。
ちょっとこまったなあ…。
うーん…。ほしいっていったかもしれないけど…、でもなあ。

中学生

ん。そして、断るときは、落ち着いて、相手の目をしっかりと見、いやだという自分の気持ちを伝えるようにしましょう。ことばやいいかたはやさしくても、はっきりと自分の意志を伝えることがたいせつです。

アドバイス

中学生くらいになると、ふだんの人間関係の中で悪い誘いを受けることも多く、その関係を考えるあまり、断り切れないことがあります。その場合、
（1）断りの気持ちをはっきりと表現すること。
（2）万引きは断るけれど、友だちとしてはずっとつき合っていきたい気持ちを伝えること。

この2つができるよう教えたいものです。

そして、ことばやいい方は優しくても、意志の強さを伝えられる声の出しかた、姿勢、視線を身につけさせることがポイントとなります。

3 相手の目を見て、正しい姿勢で、落ち着いてこたえましょう

1 かんたんな方法なんだけどなあ。

2 ぼくは、やらないよ。

3 ……。

4 うまくやる方法なんて教えてほしくない。ぼくは、万引きはしたくないんだ。

! 背筋をのばして、相手の目をまっすぐに見て、お腹から声を出して、はっきりとした口調でことわりましょう。一番たいせつなのは自信をもつことです。

4 自分の気持ちを、そのままはっきりといいましょう

1 そんなこというなよ。おれたち友だちだろ。

2 ぼくは万引きはやらない。だれがなんといおうと、やりたくないんだ。方法だって教えてほしくない。

3 ふんっ…。

4 ほんとうのことをいうと、きみに万引きなんてやってほしくないと思っているんだ。

! 「友だちだろ」「そんないい子ぶって」「おぼえておけ」と、いわれるかもしれません。でも、自分の気持ちを正直に落ち着いて伝えましょう。腹を立てたいいかたではなく、あくまでも静かに力強く、自分のことばで話しましょう。

25 友だちにいやなことをい

友だちに、自分の気にしていることや、いってほしくないことを直接いわれてしまった経験は、ありませんか。とても、悲しく、いやな気分になりますね。いやなことをいわれたとき、あなたはどうしていますか。口をきかなくなってふさぎ込んだり、泣いたりしてはいませんか。それとも怒って相手とケンカをしますか。両方ともよい解決のしかたとはいえません。

たいせつなのは、「自分がそのようなことをいわれてとてもいやだ」ということを相手にわからせ、つぎからいうのをやめてもらうことです。そのさい、いった相手をせめるのではなく、「自分がそのようにいわれたくない」という気持ちを伝えるよう心がけるとよいですね。なにげなくいったひとことなら、

1 すぐにいい返したり、怒ったり泣いたりしてはいけません

1
しんご君って、すっごく太っているね。子ぶたみたいだ。
2
なんだよ！　そっちこそ、顔がゴリラそっくりのくせして。

いい返すと、いつまでも終わりになりません。ますますひどいことをいいあうことになります。

1
ちひろちゃんて、走るの遅いね。歩いているみたい。
2
ふん！

プイッとそっぽを向いたり、めそめそ泣いたりするだけでは、なんの解決にもなりません。

2 深呼吸して、自分に「おちつけ、おちつけ」といい聞かせましょう

おちつけ、おちつけ。深呼吸して…。
なんていようかなあ。いまの気持ちは…。
フーッ

①予想していなかったことをいわれるのですから、すぐには反応できません。
②感情をすぐに表さないように、一回深呼吸をして、つぎになんといおうか考えましょう。

われたら…

相手もすぐに気づくでしょう。いつもいわれっぱなしだと、相手が調子に乗って、さらにいうこともあるので気をつけましょう。

アドバイス

残念なことに、いやなことをいう人はいるものです。でも、それをひとつひとつ真剣にとらえて悩んでしまうと、学校生活が楽しくなくなるでしょう。こんなときの対処の仕方は、経験を積み重ねて身につけ、気持ちを上手にコントロールできるようにしていくしかありません。怒ったり、けんかをしたりしても解決にはなりません。最終的には、自分が人のいやがることをいわない人間になることがたいせつだ、ということも教えましょう。

●気持ちを伝える練習をさせましょう

（１）わたしがテストで30点を取ったのを見て、「わあー、30点だ」と、いわれたら…。

（２）「あなたを遊びのグループに入れてあげない」と、いわれたら…。

3 いわれたときの自分の気持ちを伝えましょう

1 ぼくは、きみに子ぶたみたいだといわれて、とても傷ついたよ。

2 そうか…。半分じょうだんのつもりだったんだ。

シュン…

相手をせめたり否定したりするのではなく、まず、いわれた自分の気持ちを伝えましょう。それにより、相手が自分が悪かったと気づくこともあるからです。

1 わたしは、走るのが遅いといわれて、悲しくなったわ。とても残念な気分よ。

2 そんなに気にするとは、思わなかったわ。

ガ〜ン

ケンカにならないように静かに話しましょう。

4 これからのことについて、自分の気持ちを伝えましょう

1 つぎから、体のことはいわないでほしいな。

2 うん、わかった。もういわないよ。

……

……

①自分の気持ちは、はっきり伝えましょう。
②ずっとその友だちとうまくつきあうためにも、おだやかに話しましょう。

自分の気持ちは伝えたから、早く忘れよう。

そんなに悪気は、なかったのかも…。

バイバイ
またね〜

いった相手は、もう、忘れてしまっているかもしれません。いつまでも気にしているのは、時間のムダと思って、気持ちをきりかえましょう。

26 「悪口をいわれてるよ」と教

仲よしのA子さんが「Bさんがあなたの悪口いっていたよ」と教えてくれたら、あなたはどうしますか？　「Bさんてとてもいやな人ね。わたしは、そんなことしていないのに」と、A子さんとBさんのことを悪くいいますか？　それとも、Bさんのところへいって、「なんでわたしの悪口をいったの？」と聞いてみますか？　それとも、ひとりで落ち込んでしまいますか？

こういうときは、A子さんのいうことを全部信じて行動したり、怒ったり、悲しんだりしないことがたいせつです。A子さんのことばにふりまわされないようにしましょう。全部信じてBさんに怒りを向けるのではなく、落ちついてよく考えましょう。そしていわれのないことなら、解決する方法を考えること

1 そのまま、信じないこと（深呼吸して落ちつきましょう）

1 まきこちゃんが、あなたの悪口をいってたよ。すぐに友だちを裏切る人だって。
2 えーっ、ほんとう？そんなこといってたの？
こそっ
うわぁ
あゆみ
よしえ(わたし)
でもあゆみちゃんも、その場にいたんだよね。
いっしょになって、いってたのかなあ。否定していないし…。
私がいやな気持ちになることが、わかっていっているのかなあ。
面白がっているのかも。

2 自分の気持ちを伝えましょう

1 あなたのためを思って、教えたのよ。知らないと、かわいそうだから。
知りたくなかったわ。とってもいやな気持ち…。
2 わたしのためを思ってくれたのはありがたいけど、わたし、とても悲しくなった。

！ 悪口をいわれたからといって、自分も悪口をいってしまうのでは、きりがありません。落ちついて自分の気持ちを考えてみましょう。

えられたら…

も大切です。友だちに、自分のためを思って知らせてくれたことには感謝しますが、自分は悲しい気持ちになったことは伝えるべきです。でも、ほんとうなら知らないはずのことだから、気にしないことが一番ですね。

アドバイス

仲良しの友だちが悪くいわれている場に居合わせると、すぐに本人に知らせることがよいことだと思っている子が見られます。「知らないとかわいそうだから」と思って知らせるようですが、はたしてそれは、親切な行為なのでしょうか。

それを話せば、知らされた人が不愉快になるということに気づく必要があります。

そして子どもには、つねに聞いたことを鵜呑みにするのではなく、冷静に判断することの大切さを教える必要があります。まず「悪口をいっているよ」等といいに行くのは告げ口であり、卑怯なことだということを教えましょう。

3 教えにきた友だちと離れて、解決策を考えましょう

自分で直接たしかめる

1 あゆみちゃんに、わたしがまきこちゃんを裏切ったといったのは、ホント？

2 いったわよ。このまえいっしょに帰る約束してたのに、だまって先に帰ったじゃない。

3 えっ、一人で先に帰るから…って伝えたよ

4 そんなこと、聞いてないわ。それなら、いつ、先に帰るっていったの？

5 まきこちゃんが給食を配っているときに、ろう下からいったんだけど。

6 うるさくて、聞こえなかったのかもしれない。そういってから帰ったって、いまわかったわ。

7 聞こえたと思っていたんだけど。…こんどから、まきこちゃんの返事を確かめるわ。

！
①まきこちゃんに、まず、裏切ったといったかどうかを確かめ、事実を説明し、誤解をときましょう。
②怒っていうとケンカになります。おだやかにいうようにしましょう。

4 そのままにしておく

1 気にしない、気にしない。いわせておこう。

2 まきこちゃんのところへいっても、「いった」「いわない」でケンカになるだけ。よけいにいやな気持になるだけで、解決にならないわ。

！
悪口をいわれたことで頭がいっぱいで、正しい判断ができないことがあります。先生や、おうちの人、信頼できる友だちに相談してみるのもよいでしょう。

！
相手にしないほうが、自分にとって一番いいと思えることも大切です。

27 友だちが約束をやぶった

あなたとの約束を、もし友だちがやぶっていたら、どんな気持ちがしますか？　とてもいやな気持ちになりますね。そういうときには、いったいどうしたらいいのでしょう。

まずは、友だちと落ちついて話してみることがたいせつです。約束をやぶっていたということは、ほんとうでしょうか？　あなたのかんちがいということはありませんか？　だれかの勝手なうそだったり、うわさ話だったりすることだってあります。または、どうしても約束をやぶらなければならなかった、今回だけの特別な理由が、あったのかもしれません。まず、友だち本人に、約束をやぶっていたのはほんとうかどうか、たしかめてみましょう。もし、理由もなく約束をやぶられたのだとしたら、こんどはあなたのいやな気持

1 約束したことを確認しましょう

きのうは私と遊ぶ約束していたよね？
へっ？

2 本人に直接聞きましょう

1 ○○君から聞いたんだけど、他の子とあそんでいたってほんとう？
あっー
2 それでも約束が守れなかった特別な事情が、あったの？

! ていねいに、聞きましょう。

ら…

ちを伝えましょう。そのとき、「あなたがいけない」といういい方ではなく「ぼくはイライラしたよ」とか、「わたしは悲しかった」などのように、「わたしは」「ぼくは」ではじまるいい方をするようにしましょう。

アドバイス

ケンカは、ほんのささいなことからはじまります。そして、誤解がもとで、トラブルとなることは子どもの間では多くあります。不快なことがあったときには、いきなり相手をとがめるのではなく、事実確認をする必要があります。それから、「あなたが悪い」「あなたはひどいことをする」などのように、“あなたメッセージ”ではなくて、「私は傷ついた」「私はつらかった」などのように、自分の気持ちを“私メッセージ”で伝えるように教えてください。“私メッセージ”こそが、相手の心を動かし、相手にストレートに伝わります。自分の気持ちも相手の気持ちも大切にすることのできる、具体的なメッセージなのです。

3 “私メッセージ”で伝えましょう

1 私はずっとまっていたのに。
2 もしかしたら、私と遊ぶのがいやなのかと思って、とても悲しくなっちゃった。
ガッカリ
3 ごめんよ。ついうっかり約束のこと忘れて他の子とあそんでたよ…。
ハンセイ
そんな風に思わせてしまったのかぁ…

！ “私メッセージ”で伝えると、相手の気持ちや立場を大切にすることができます。

4 大きなトラブルの時には、信頼できる人に相談しましょう

電話をする

お父さん、どう話せばいいかなあ？

相談する

先生！　○○君と話し合いたいのですが、立ち会ってくださいますか？

28 友だちと意見がぶつかっ

友だちと意見や考え方がちがうことや誤解がもとで、友だちとトラブルをおこしたことはありませんか？　ひとりひとりの人間は、みんな考えかたがちがうので、それはとうぜんありえることです。そんなとき、みなさんはどうしていますか？

友だちとケンカをしたくないのでがまんしたとしましょう。相手とのよい関係は、そのままつづきますが、あなたはとてもいやな気持ちになり、ストレスの原因にもなります。反対に、自分の主張をとおしたとします。自分の思いどおりになって、あなたにとってはよい結果になりますが、相手はとてもいやな気持ちになります。

相手の立場もたいせつにしながら、自分の気持もうまく伝える方法を身につけましょ

1 なにが問題なのか、どうしたいのかを考えましょう

1
きょうは、外で遊ぼうよ。ボールとなわとびをもってきたよ。
たくや君はサッカーやりたいって。
2
さっき、家の中でゲームしようって約束したじゃないか。いっつも、自分のおもいどおりにかえちゃうんだから…。
オイオイ
3
きょうは寒いから、さっきの約束どおりにしたい！

！
①「いつも…」というのは、この場合、問題ではありません。
②「自分は、約束どおりゲームであそびたい」「友だちは、外であそびたい」というちがいが、問題となります。

2 まず、相手の気持ちや立場を認めましょう

1
ゆたか君は、外で遊びたいのか…。ボール遊びやなわとびの練習もしたくて、もってきたんだね。
2
うん、そうなんだ。それで、いろいろもってきたんだ。
3
たくや君も、外で遊びたいのか…。

！
①いきなり反対しても、いい合いになるだけで解決は見られません。
②まず、相手の気持ちを受けとめて、それから、自分は考えがちがうことを伝えましょう。

たら…

う。解決する方法を考え、よい結果がえられれば、相手ともっと仲よくなれることもありますよ。

アドバイス

友だちと意見がぶつかるのは、避けられないことです。大切なのは、そのとき感情的にならないように気持ちをうまくコントロールして、友だちの考えも尊重しながら、自分の意見もじょうずに伝えること。解決策はできるだけ多く考えさせ、その中から相手にとっても自分にとってもよい結果をもたらす方法を選ばせます。すべてのトラブルがうまく解決するとはかぎらないこと、人は皆考えや意見が違うことも、具体的な場面を通して教えておきたいものです。

いろいろな場面での、いろいろないい方を練習させましょう。

3 つぎに、自分の気持ちを伝えましょう

1 ぼくは、ゆたか君とちがって、家で遊ぼうと約束したので、ゲームを用意して待っていたんだ。
ぼくは、約束したことは、そのとおりにしたいなあ。

2 それはそうなんだけど、たくや君はやっぱり外がいいっていってるし、だから…。

3 きょうは寒いんだし…。やっぱり家の中で遊ぼうよ。

！ 怒ったり、むきになったりしないで、静かに話しましょう。

4 場合によっては…解決策を考えて、提案しましょう

1 せっかくボールやなわとびを、もってきたんだけどなあ…。

2 このごろ、いつも外遊びばっかりだしさ…。

3 ……うーん。

4 なら、こうしたらどうかな。とにかくゲームを1度して、それから外でおもいっきり遊ぶ。

5 よし！それなら、いいよ。

！ ①自分がなっとくできるのなら、相手にゆずることも考えましょう。
②児童館にいって遊ぶ…など、まったくべつな提案をする方法もあります。

29 ケンカをした友だちと仲直りをする

大好きな友だちとケンカをしてしまったら、だれでも仲直りしたいものですね。こういうときには、自分から動くことがたいせつです。相手が動くのを待っているのではなくて、あなたから行動を起こすということです。

さて、そのまえに、あなたは本気ですか？ほんとうに仲直りしたいのでしょうか？　まずは自分の気持ちを確かめてみましょう。相手のしたことを許せますか？　相手にいい訳しないであやまれますか？　相手が自分のことを許してくれるのを待てますか？　１週間待てますか？　１ヵ月待てますか？　仲直りの日がいつになるかわからなくても、その日を待つことができますか？

あなたが本気なら、質問の答えはすべて「はい」のはずです。本気であればこそ、本

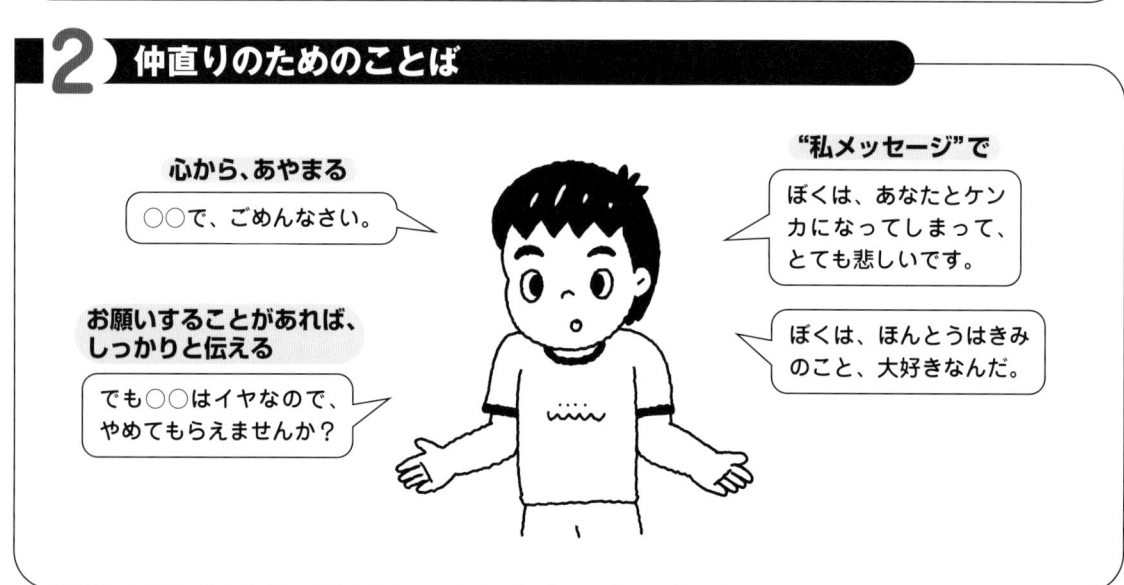

1 仲直りのときの行動

あのさ…
1 話があるので、聞いてもらえますか？
2 ……。
3 ぼくと話したくないなら、だまったままでもいいから。

①勇気をもって、自分から切り出しましょう。
②やさしい表情、まじめな表情で。おちついて、ていねいに話しかけましょう。

2 仲直りのためのことば

心から、あやまる
○○で、ごめんなさい。
お願いすることがあれば、しっかりと伝える
でも○○はイヤなので、やめてもらえませんか？
“私メッセージ”で
ぼくは、あなたとケンカになってしまって、とても悲しいです。
ぼくは、ほんとうはきみのこと、大好きなんだ。

には… 小学生

気で行動ができるのです。そしてあなたの本気の行動こそが、友だちの心を動かすのです。

アドバイス

子どもたちが、仲直りをしようとしているときには、温かく見守ってあげてください。口を出す必要のないときには黙っていてあげてください。でも、注目をし続けることは必要です。そして子どもが手助けを求めてきたときには助言をしてあげましょう。

ただし、子ども自身がいうべきことばをいってしまったり、子どもがすべきことを代わりにしてあげてはいけません。仲直りをしにいく前に、勇気づけたり、アドバイスをしたり、時には話し合いの場に黙って立ち会ってあげることも大切です。仲直りの前に、仲直りの練習につきあってあげてもいいでしょう。子どもを十分支えた上で、子どもの行動は自分で選択させ、責任をもって、自ら行動させていくことが大切です。

3 仲直りできるか、不安なとき…

大人に相談してみよう

先生、アドバイスお願いします。
お父さん、いっしょにあやまりにいってくれる？
お母さん、「ごめんなさい」の練習をするから、相手役をしてよ。

4 仲直りしにいくまえの、イメージ練習

心からあやまるイメージ
ごめんね。もうしないからね。
やさしくしているイメージ
こまったことがあったら、いってね。
仲よく遊んでいるイメージ
うれしいね！楽しいね！
相手のいいところのイメージ
明るい声だったなぁ。

30 ケンカをした友だちと仲直りをする

ケンカをしてしまった友だちと仲直りをするには、きっかけが必要です。でも、いい出しにくかったり、相手が怒っている表情を見ると、声をかけづらいものです。どうしようと思っているあいだにどんどん時間だけがたってしまい、ますます仲直りできなくなってしまったということはありませんか？

そんなとき一番たいせつにしてほしいのは、仲直りをしたいというあなたの気持ちです。そして、その気持ちを正直に友だちに伝えて、わかってもらうことがたいせつです。気持ちを伝えるには、いろいろな手段があります。メール、電話、手紙などでは、相手の顔が見えないので、なんとなく自分の気持ちをいいやすいように感じますね。でもそれは、同時に相手の気持ちがわかりにくいことにも

1 ケンカのことを、整理してみましょう

ゆかりが「絶対にいわないで」といって話してくれたことを、あきこにならら…と思ってわたしが話したのは、やっぱり、わたしが悪い。でも、ゆかりも「遊びにいこう」って約束していたのを、なにもいわずに破るなんて、ひどいと思う…。

！ ケンカの原因を思い出して、メモに書いてみましょう。自分のいいぶんとともに、相手のいいぶんを書き出し、ケンカになってしまった原因はなんだったかを、はっきりさせます。そうすることで自分がなにをあやまらなければならないかがわかってきます。そのうえで、これからどうしていきたいのかも書き出してみましょう。

2 相手の予定を聞いて、ふたりで話せる時間をつくりましょう

1 ゆかり？　あのう…、ちょっと話したいことがあるんだけど、ふたりで話せる時間をとってほしいんだ。

3 ごめんね。急にさそって。でも、たいせつな話があるんだ。いそがしいと思うし、このあいだのことがあったから、怒っていると思うけど、お願いします。

2 えっ…？

！ 直接会う約束をするために、電話や手紙を利用するのはいいですね。

には… 中学生

つながります。やはり、最終的には、相手の顔を見て、自分のことばで仲直りの気持ちを伝えることがたいせつです。自分の悪かった点、これからこうしていきたい点を、まずははっきりさせましょう。

アドバイス

もめごとを解決するためには、「ネゴシエーション（交渉)」のプロセスを理解することです。ケンカをした友だちと仲直りをしたいという場合、(1)の「ケンカのことを整理する」段階が最も重要だともいえます。つまり、その段階でケンカの原因を明らかにし、自分から相手に謝りたい、自分の気持ちを相手に積極的に伝え、仲直りしたいと考えられるかどうかで「ネゴシエーション」が始まるからです。

それがはっきりしていれば、①自分の望むことや自分の悪かったところを書き出す、②それを相手に伝える、という段階に進んでいけるのです。

3 相手の気持ちを考えつつ、心をこめてあやまりましょう

1 きょうは忙しいところ、ありがとう。きてくれて、うれしいな。

2 えっ、うん。

3 きょうは、このあいだのことあやまろうと思って、きてもらったんだ。とっても気分を悪くさせてしまったと思って。ほんとうにごめんなさい。

5 ゆかりがわたしを信頼して話してくれたことを、あきこに話してしまったのは、友だちじゃないよね。そのあと、ゆかりがきてくれなかったことで、ゆかりのショックだった気持ちが、ほんとうによくわかったんだ。

4 仲直りをしたいという気持ちを、伝えましょう

今回のことはほんとうにごめん。もう二度と同じことはしないよ。ゆかりが許してくれるなら、もう一度友だちとしてつきあってほしいんだ。お願いします。

相手がとてもショックをうけている場合、もしかしたらすぐに許してくれないかもしれません。そのときは、仲なおりできるまで話すのではなく、「考えてみて――」と、相手の気持ちが決まるまで時間をおきましょう。つぎの機会を考えてもいいのです。

31 友だちに乱暴されたら…

あなたがなにもしていないのに、友だちがたたいてきたら、どうしますか？　くやしくて、お返しをする人もいるでしょう。また、なにもいえずにそのままにしてしまう人もいるでしょう。そんなとき、なにもいわずにいてはいけません。勇気をもって、はっきりとした態度で、「やめて」といいましょう。

「やめて」のひとことがいえない場合や、相手がくり返したたいてくる場合には、先生に相談をしましょう。きっとあなたにいいように、とりはからってくれるはずです。

けっしてひとりで悩まずに、うちの人に相談することもたいせつです。さあ、こまっているあなた。勇気をもって行動しましょう。

1 されるまま、いわれるまま…ではありませんか？

1 あ、イタッ！だれ？
2 おれが先に水を飲むんだよ！
フフン
あ〜ぁ
3 順番なのに〜。（ま、しょうがないか。）

あなたは，友だちにたたかれたりしたときに、されたままでいることはありませんか？
同じことがくり返されないために、やられたらそのときに、「やめて」と、はっきりとした態度でいいましょう。

2 「やめて」と、はっきりした態度でいいましょう

1 たかし君！ぼくの頭たたくのやめてよ。
2 なんだと!?やめてだと。おれが先に水を飲むんだ。文句あるか？
3 ぼくが並んでいたんだよ。横入りは、やめてよ。みんなだって順番守っているのだから。ねぇ、みんな。
そーだよ
4 いけないことはいけないのだから、いわれてもしょうがないよ。
5 わかったよ。並べばいいんだろ。みんなしていうことないだろ。

小学生

アドバイス

日頃からいやなことがあったら「やめて」といえる子どもに育てましょう。「やめて」という言葉も、ひとりではいえなくてもその場にいる子と一緒にいえるよう、子どもたちを指導しましょう。子どもにはいやなことを解決するためにそのつど考え、行動させるようにします。

またあわせて、人に暴力をふるうことはけっしていけないことである、という指導も徹底していきましょう。

そして、子どもが悩みを伝えて来たときには、しっかりと受け止めいっしょに解決の方法を考えてあげましょう。

3 「やめて」がいえなかったり、なん度もくり返されるときは、先生に話しましょう

1 先生、たかし君が水飲み場で頭をたたいたり、会うとすぐに暴力をふるったりするんです。ぼく、とてもイヤなんです。

2 たかし君が暴力をふるうから、こまっているのだね。

3 はい、そうなんです。ぼくが「やめて」といえないから、なん度もそうするんだと思うんです。

4 そうか。イヤな思いをしていたんだね。つらかったね。

5 はい。とってもイヤな気持ちでした。

6 けんいち君は，たかし君に話さなくていいのかい？

7 いいえ、話さなくてはいけないと思います。

8 そうだね。先生もいっしょに話を聞くよ。

4 ひとりで悩んでいないで、うちの人に話すことも必要です

1 お母さん、たかし君が水飲み場で頭をたたいたり、会うとすぐに暴力をふるったりするんだ。ぼく、とてもイヤな気持ちなんだ。

2 まあ、それはイヤな気持ちになるわね。それで、けんいちはやられたままでいるの。

3 うん。やめてって，いえればいいのだけど、いえないんだ。

4 そう。でも、そのままにしておくわけにはいかないわね。どうすればいいと思う？

5 たかし君に、話さなければいけないと思う。

6 ええ、そうよね。たかし君に、けんいちの気持ちを伝える必要があるわね。自分でいえるの？

7 ちょっと、自信がないかな。

8 それじゃ、まず先生に話すといいわね。どう、話せる？

9 うん、そうだね。先生に話してみるよ。

32 友だちに乱暴されたら…

友だちにちょっかいを出された、なぐられた、たたかれた…。そんなときどうしたらよいでしょう。仲のよい友だち同士の場合でも、最初は遊びのつもりでたたき合っていたのに、とちゅうから本気になってしまい、大きなけがにつながってしまったということもあります。でも、し返しをしたり、なぐり返したりしては、ほんとうの解決にはなりません。

それでは友だちにたたかれたとき、どうしたらいいのでしょうか。まず、自分に原因がないかを考えてみましょう。そのうえで、もし原因がわからない場合には、相手の友だちにどうしてそういうことをしたのか聞いてみることがたいせつです。そして、原因となっていることをおたがいに解決していくためにはどうしたらいいか、解決策を考えていくので

1 自分に、原因はありませんでしたか？

ぼくはなんでたたかれなきゃ、いけないんだ？なにか、やったのかなぁ。
う〜ん
もしかしたら、昼休みのボール遊び…かなあ。

原因が思いあたった場合でも、それをきちんと確かめることがたいせつです。もしかして、相手の友だちは、そのことが原因でたたいたのではないのかもしれないからです。

2 相手にどうしてたたいたのか、聞いてみましょう

1 さっき、廊下でたたかれてびっくりしたんだ。もしかして、ボールの片づけのことで怒っていたの？
2 ボールの片づけのこと？なんか身に覚えがあるのかよ？
3 えっ、まぁ…。とにかくあのときは、うしろからだったし、ほんとうにびっくりしたんだ。とても痛かったし、もう、たたいたりするのは、やめてほしいと思っているんだ。

自分が思っていた原因だった場合も、そうではなかった場合も、「痛かった」「ほんとうに、びっくりした」「もうやめてほしいと思っている」という自分の気持ちは正直に伝えましょう。そのとき、相手の目をしっかりと見、姿勢を正し、はっきりとした口調で伝えることがたいせつです。

中学生

す。

　しかし、中には、これといった原因がないのにもかかわらず、たたいてしまう友だちもいます。そういう場合、信頼できる大人に相談することがたいせつです。

アドバイス

　このようないざこざはよくあることです。日頃から子どもたちに以下のことを実践するよう指導していくとよいでしょう。
（１）暴力をふるった子、ふるわれた子の両方が自分の問題としてきちんと考える機会をもつこと。
（２）お互いの気持ちと事情を「ことば」によって説明し、その中からお互いの解決策をみつけるようにすること。
　最初から大人が入って解決するのではなく、子ども同士の関わり合いの中で、子ども自身が自然に解決のためのスキルを学べるようにすることが大切です。ただし、暴力的なコミュニケーションが身についてしまっている子どもには、大人が入って解決を図る必要がある場合もあります。

3 原因がはっきりしたら、解決に向けて話し合いましょう

1
けいすけさぁ～、昼休みのボールのあと片づけ、ぜんぜんやったことないだろ？それで頭にきてたんだよ。
2
やっぱりそうだったんだ。あれって、最後にボールをもってた人がやるんじゃなかったの？
3
きよしはもってなくてもやってくれてるのに、お前は１回もやったことないだろう。みんなで遊んでいるんだからさあ…。
4
そうか、わかった。こんどからぼくもやるよ。でも、たたくのはやめてよ。
5
うん。たたいたのは悪かったと思うよ。ごめん。もうしない。

4 自分たちで解決できない場合、大人に相談しましょう

あのぅ…

！ 自分たちで解決できない場合とは、（２）や（３）の解決をしても、友だちがなんどもたたいたり、けったりしてくる場合のことです。また、だんだん強くたたくようになったり、遊びのふりをしてプロレス技をかけてきたり、ということが出てきたら、必ず大人に相談しましょう。

33 お話聞いて！

私たちの日常会話は、１対１の対話を基本としています。対話とは、２人の人が言葉を交わすことです。スムーズにできるように練習をしてみましょう。

日頃から、話し合うときには、相手にわかりやすいように短く区切って話したり、はっきりと話したりすることを意識しましょう。また、相手の話について感想や考えを述べたりできるように、しっかりと聞くことがたいせつです。話題を決め、短冊カードに書いた項目について、いろいろな人と対話をしてみましょう。

ねらい

相手に分かりやすく話すには、様々な注意点があります。ここでは　①短く区切って話すこと　②相手の話について感想や自分の考えを述べることを意識させましょう。短く区切って話すことにより、聞き手が質問したり相手の話について感想や自分の考えをいったりするタイミングがとりやすくなります。また、話し手は聞き手に質問をされることで、より話がはずみます。２人が何度も言葉を交わせるのがよい対話といえます。

ゲームの展開

1 好きな本を選び、あらすじ･好きな場面･感想などをまとめましょう

私が好きな本は、「スーホの白い馬」です。

あらすじ

「スーホが傷ついていた白馬を助け、仲よしになる。意地の悪い殿さまが白馬をほしがる。しかし、白馬は矢を射られても大好きなスーホのところへもどってくる。その後、白馬は息をひきとる、けれどもスーホはその白馬で馬頭琴をつくり、いつでもいっしょにいる」…というお話。

好きな場面

「矢を射られてもスーホのところへ帰ろうとするけなげな白馬。
そして白馬を心配して眠れない日がつづくスーホをえがいた場面」

感想　「ほんとうのやさしさとは、たがいの心と心を強く結びつけるものだということを、あらためて知りました。スーホのところへ、あんなに傷をおっている白馬が、なんとしても帰ろうとする姿に心が打たれました。わたしは、白馬に、がんばれとひっしに声援を送っていました。心を打つとてもいい話だと思います」

！ それぞれが、話す内容をまとめておきましょう。好きな本の紹介をする場合は、実物を見せて話すのがよいでしょう。

2 細長く切った厚紙3本に、それぞれの項目を書いて用意します

本の紹介のほかに、うれしかったことなどを話すのもよいでしょう。3本の細長いカードにいろいろな項目を記入し、くじを引くような感覚で、楽しんで話をすすめましょう。

3 2人1組のチームをつくりましょう

①さあ，引いてみてください。
③はい。それは、矢を射られてもスーホのところへ帰ろうとするけなげな白馬。そして白馬を心配して眠れない日がつづくスーホをえがいた場面です。
⑤はい。読んでみるとわかります。ぜひ読んでみてください。

②はい。「好きな場面」って、出たよ。好きな場面を話してください。
④へぇ、白馬とスーホは仲よしなんだね。ぼくも馬は好きだから、白馬とスーホがどうしてそんなに仲よしなのか、知りたくなったなあ。
⑥はい、わかりました。こんどは、○○ちゃんが引く番だね。

相手が引いたカードの項目や、聞かれたことにこたえましょう。話し手は、句点の数を数えてもらいましょう。

4 つぎに、話し手と聞き手を、交代して…

①ただし君は何の本が好きなの？
③ふ～ん。はい。では、引きます。（なにが出るかしら？）じゃん、あらすじでした。お願いします。
⑤ゴンの気持ちを知った兵十は、さぞつらかったでしょうね。

②ぼくは「ゴンぎつね」の本だな。
④あらすじだよね。主人公のゴンが、兵十がとったうなぎを逃がしてしまいました。そのうなぎは，病気のおっかあのためのものでした。けれども、うなぎを食べずに死んでしまったことを知ったゴンは、毎日「つぐない」を始めました。兵十はそんなゴンの気持ちを知らずに、銃でうってしまう…というお話です。

Point

(1) 短く区切ってわかりやすく話すために、聞き手に句点の数を数えてもらい、のちほど話し手にその数を伝えるようにする、よりよい練習になります。
(2) つぎつぎとペアを代えて話し、話しやすい聞き手を見つける体験もさせましょう。よい聞き手を見つけることにより、相手を考えた話をすることができるようになります。
(3) 終わったら，感想を発表させましょう。伝え合うことの楽しさを、十分味わえたという感想が出れば、この対話のスキル練習のねらいは達成できたといえます。
(4) 感想は、自分の話し方のよさや友だちの聞き方のよさに気づくような交流の場になるようにしましょう。

34 友だちをつくろう！

新学期はクラスがえなどで、新しい友だちとの出会いがあり、とてもわくわくする反面、少し不安もあります。でも、勇気を出して、積極的にコミュニケーションの機会をもつことで、今まで知らなかった友だちと親しくなったり、おたがい同士が理解しあったりできるチャンスの時期でもあります。

ここでは、友だちに「好きなもの」や「嫌いなもの」について質問し、遊びながら、友だちを理解したり、自分を知ってもらうグループワークをします。あまり話したことのない友だちとも、いままで親しかった友だちとも、より身近な関係になれるでしょう。

ねらい

●友だちにいろいろな質問をすることで、いままで知らなかった友だちの一面に気づき、その友だちへの理解を深めます。

●自分の考えをわかりやすく伝えるために、「結論をいってから、理由をいう」というコミュニケーションの方法を練習します。

ゲームの展開

1 リーダーをかこんで…

リーダー
さあ、みなさん、これからグループワークの説明をします。わたしの説明をしっかりと聞いて、わからないことがあったら、最後に質問してください。
ハ〜イ

❶リーダーをかこんで、教室などで机や椅子を片づけた広いスペースに、一重の円をつくって座ります。リーダーは、子どもたちがつくる円の中心に立って、グループワークのやり方を説明します。

2 リーダーが拍手をするのに合わせて…

リーダー
わたしのあとについて、拍手をしましょう！
さん、はい、パチ。
パチ
パチ
パチ
パチ

❶リーダーがゲームのやり方を説明します。リーダーが両手で拍手をする回数に合わせて、みんなが拍手の回数を数えながら同じ回数だけ、リーダーと交互に拍手をし合います。

リーダー
さあ、なん人ですか？
5回だったね。だから、5人組。
あきら君、こっちへおいでよ。
きよみちゃん、いっしょになろう。

❷リーダーは、拍手を突然やめます。みんなは、そのときの拍手回数を確認して、拍手の数の人数だけ友だちを集めます。3回だったら3人、○回だったら○人。拍手がとまったら、拍手の数だけの仲間が集まり、手をつないで小さな円になって座ります。

3 人数ぶんの輪になって…

リーダー
さあ、みなさん。その場に座って、みんなに質問する人を決めましょう。質問する人は、質問の内容を考えておきましょう。
ジャンケンポン！

❶リーダーは、みんなが小さな円をつくって、その場に座るように指示します。それから、ジャンケンなどで質問者を決めます。

4 質問の開始…

リーダー
最初は「○○は好きですか。嫌いですか。」と聞きます。そのあとに、「それは、なぜですか？」と聞きましょう。
サッカーは好きですか？
はい、好きです。
それはなぜですか？
わけは、ワールドカップがおもしろかったからです。

❶リーダーは、質問のしかたを説明します。小さなグループで輪をつくり、質問者が友だちにつぎつぎと質問していきます。

リーダー
こんどは、ちがうグループをつくりましょう。
いろいろな人とグループをつくってみましょう。

❷リーダーは、全員に質問し終わるタイミングを見て、新しいグループづくりを行ないます。拍手の数で人数を変えたり、男女の人数を指定したりするのもよいでしょう。最後に感想を話しあいましょう。

Point

(1) 質問の仕方や質問の内容を、リーダーが例示してからはじめるとよいでしょう。
(2) 質問の内容については、最初は、リーダーが与えてもよいです。次第に子どもたちから独自の質問が出てきます。人を傷つけたり、嫌な思いをしたりするような質問はしないことを、約束させておきましょう。
(3) 同じ友だちと固まらないように、グループがえをするときには同じ人とならないなど、条件をつけてもよいでしょう。普段、話すことが少ない友だちと交流を図ったり、相手のことを知ったりする機会になります。
(4) リーダーは、子どもたち全員がグループに入れたかを必ず確認します。グループに入れず迷っている子どもなどへの配慮を忘れずにしましょう。

35 クラスのみんなと仲良くなろう

　質問されたり、それに答えたりする活動をとおして、クラスの活発な言葉のやりとりを行なうグループワークです。質問する側の友だち（参加者）が、はじめにきめておいたキーワードとなる「ひとつの言葉」をきめます。それからイメージをふくらませて、順に質問をしていきます。また、質問される側の友だち（回答者）は、その内容をよく聞きとり、秘密のキーワードをイメージし、質問内容をつなぎ合わせ、「ひとつの言葉」はなにかをさぐりあてます。クラスの友だちとのコミュニケーションがどんどんはずみ、質問したり答えたりする楽しさを味わうことができます。

　クラスのみんなの関係を深めるために役だつグループワークです。

ねらい

- ひとつの言葉からイメージをいろいろとふくらませ、それをもとにして、いろいろな質問内容を考え、回答者に伝えるグループワークです。
- このゲームをつうじて、自分のイメージを相手に伝えたり、それに答えたりしながら、お互いのやりとりと、言葉の持つ力を学習します。

ゲームの展開

1 全員で大きな輪をつくりましょう

リーダー
椅子をもって、大きな一重円をつくって座りましょう。
ハ〜イ
ハ〜イ

❶リーダーの指示にしたがって、参加者全員で大きな一重円をつくって座ります（教室などでは、椅子を使用するとよいでしょう）。
❷リーダーは、参加者の中から質問を受ける回答者を一人選びます。回答者は黒板などを背にしてみんなの方を向いて座ります。他の参加者は、回答者を中心にして座ります。

2 回答者を選び、短冊のことばを考えましょう

リーダー
みんなからの質問に答える人になりたい人、いますか？
ハイ
ハ〜イ
では、ジャンケンで決めましょう。
リーダー
まりこさんは、みんなの方を見て、黒板をふり返らないようにしてくださいね。
お母さん
わかりました。
みんなは、黒板の文字の内容を確かめてください。質問を各自考えましょう。

❶リーダーは、短冊などの紙に大きくひとつの言葉（たとえば、「お母さん」など）を書いて黒板にはりつけます。このとき、回答者は黒板の短冊に書かれた内容を見てはいけません（かならずこの約束を守ること）。
❷短冊の代わりに、黒板に文字で書いてもいいです。

3 さあ、質問開始！「好きですか？嫌いですか？」

リーダー
あなたは、それが好きですか？嫌いですか？
お母さん
わたしは、それが好きです。
わ〜い
やっぱりね

❶最初にリーダーは、回答者に「それが好きですか？　嫌いですか？」と質問します。回答者は「それが好きです」「それが嫌いです」のどちらかでこたえます。
❷黒板の短冊（文字）を背にする回答者は、そこに書かれた言葉がわかりません。また、その言葉が物であるか、人であるかもわかりません。

4 その言葉に関連することを、質問しましょう

リーダー
それでは、自由に質問しましょう。
お母さん
はーい、それはあったかい感じがしますか？
はい、あったかいと思います。
それは、こわいですか？
はい、こわいです。
ええー！

❶短冊（黒板）の文字を知っている参加者は、書かれている言葉に関連していることを、回答者に向けて次つぎに質問します。
❷質問は必ず、「それは○○ですか」という指示語を使って行います。

5 やりとりがつづき、回答者は正解を推測していきます

それは、重いですか？
軽いですか？
う〜ん
お母さん
軽いです。
へぇーっ
えーと……。はい！
それは、まりこちゃんに毎日ご飯をつくってくれますか？
おおっー！

❶参加者と回答者の間でいろいろな質問と回答がくり返され、やりとりがつづきます。回答者は、参加者の質問内容をもとに、短冊（黒板）に書かれた正解を推測します。

6 十分にやりとりをしたあと、回答者にこたえをいってもらいます

リーダー
たくさんの質問がみなさんからありました。まりこちゃんは、短冊（黒板）に書かれた内容は、なんだと思いますか？
お母さん
たぶん…おかあさん、かな？
正解です。どうぞ黒板を見てください。
わーっ
すっごいね〜
やったぁ〜

❶質問と答えのやりとりが十分行なわれたあと、リーダーは、回答者にこたえをいってもらいます。回答者はこたえのあと、ふり返って短冊（黒板）の正解を確認します。

7 正しくても、まちがっていても、互いにほめ合いましょう

リーダー
きょうは、みなさんがたくさんの質問をしたり、受け答えをしたりすることができました。これからも自分の考えで思い浮かんだことを、相手に伝えていきましょう。
は〜い。楽しかったよね。おもしろかったあー。

❶リーダーは、回答者に向けてもう一度拍手をするように全員にうながします。ふたたび回答者を選び、ゲームをつづけます。最後に、質問や受け答えができたことを、互いにほめあいましょう。

Point

回答者が最初に「好きです」「嫌いです」と答えることで、その後の質問内容との整合性や、ちぐはぐな答えを楽しむことができます。回答者は答えを知りませんから、たとえば短冊に書かれた「お母さん」という言葉の問題に「嫌いです」と答えると、子どもたちからは「ええーっ」などという声があがります。参加者は、正解そのものをいわないようにいろいろな質問を工夫します。言葉による表現を豊かにする効果も期待できるでしょう。

ゲームを実施するときは約束を守らせましょう。たとえば、質問の仕方、聞き方など、子どもの実態に応じて決めておくとよいでしょう。

短冊の言葉の例…

「アニメのキャラクター」「食べもの」「遊び（なわとび）」「乗り物」「動物」…。

3 自分で考えよう・みんなで考えよう

あなたが無人島で、たった一人で生活するとしたら、何が一番困るでしょうか。ひとりぼっちはきっとたまらなく寂しいことでしょう。そして、きっと死ぬほど退屈なことでしょう。家族や友だち、だれでもいいから話し相手や遊び相手になってほしいと願うのではないでしょうか。

自分以外の人と生活していると、当然さまざまな問題が起こります。それぞれが「自分」を主張するからです。でも、ひとりぼっちで生活することに比べれば、どんな問題も知恵を出し合って解決していくほうがずっと楽しいに決まっています。一人ではないのですから、相談したり、アドバイスをもらったり、協力したりすることもできるのです。そう考えれば、けんかもいじめももめごとも、大勢で生活していれば当然起こってくる問題のひとつとして前向きにとらえ、早めに対処することができるでしょう。

何が原因か自分で整理し、どうすれば解決できるかみんなで考える、ここではそんな7つの場面を小学校段階と中学校段階にわけて示しています。中には大人の助けを借りて解決しなければならないことも提示しました。保護者や先生には相談を受けたらどのように対応すればよいか、アドバイスも充実させています。「こんな時にはどうしようか」、子どもたちと一緒に考えてみてください。

輿水かおり（東京都教育相談センター・統括指導主事）

36 自分のもめごとを解決するに

日常生活の中では、小さなことから大きなことまで、いろいろなもめごとが起こります。もめごとが起こることは、けっしてマイナスな面ばかりでなく、そのもめごとをひとつずつ解決することによって、自分が成長していく貴重な生活体験になります。ひとつのもめごとを解決することで、つぎのもめごとの解決のヒントをえることもできます。ここでは、もめごとを解決するためのプロセスを覚えましょう。成功すれば「もめごとは解決することができる」という自信を持つことにつながっていきます。もめごとに出会うことも、それを解決することも、あなたにとってたいせつな生活体験なのです。

もし、自分たちだけで解決できなかったら、まわりの大人に相談することもたいせつなこ

1 もめごとの内容をはっきりさせましょう

1 ねぇ！ 約束はまもってよ！ きみはぼくのマンガの本をいったいいつ返して…
2 ちょっとまって〜！ 何の話だよ！それよりぼくがウソつきだってみんなにいいふらすなんてひどいじゃないか！

もめごとが起きたとき、どのような原因やどのような理由で起きているのかを、聞いた話や自分の考えをいう前にたしかめることがたいせつです。

2 話し合うときの約束を決めましょう

相手が話しているときは、最後まで聞くように。
悪口やいやみを、いわないことにしよう。

つぎのようなことが、たいせつです。
①相手が話しているときは、最後まで聞く。
②話し合いのやりかたに不満や不公平がある場合は、きちんと伝える。
③事実にもとづいて、正直に話す。
④悪口や中傷を、いわない。
⑤たがいに相手のいったことを要約して確認する。

は… 小学生

とですね。

アドバイス

もめごとを起こした二人に、十分な問題解決能力がある場合は、このようなプロセスに従っていろいろなもめごとを解決することができます。しかし、低学年の児童や論理的な思考が苦手な子どもの場合は、教師や大人が第三者的な立場から介入したり、話し合いを援助したりしながら、このプロセスを進めてもめごとを解決していくとよいでしょう。

学校生活の中では、様々なもめごとやトラブルが起きます。子どもたちが自分でもめごとを解決できる力をつけることは、自己成長の糧となります。

このようなコミュニケーション・スキルを活用し、自己実現のための貴重な生活スキルを身につけさせましょう。

3 話し合いをすすめましょう

1 きみは、ぼくが返してもらうはずのまんがの本を、まだ持ってこないよね。

2 朝、急いでいて、忘れてしまったんだよ。あす返すよ。

3 先週からだよ。同じことばかりいってるよ。本は、ほんとうにいつ返してくれるの？

4 うーん、もう一度あしたまで待ってもらえない？

！ おたがいが問題点を、順番にいうようにしましょう。Aが話したら、その内容をBが要約して確認する。Bが話したら、その内容をAが要約して確認する。それぞれ自分の望むことをはっきり伝え、問題の解決策をリストアップしたり、メモするなどして、おたがいが確認できるようにしましょう。

4 もめごとの解決策を提案し、決めたことを守りましょう

1 じゃあ、こうしようよ。きょう、家に帰ったらすぐに、きみのところに持っていく。

2 うーん、きょうは習いごとがあって家にいないんだ。あす、必ず持ってくると約束してくれる？

！ 話し合いをすすめる中で、問題解決の方向を探り、ふたりが合意できる解決策を決めましょう。

1 え、いいの？ わかった、約束する。こんどは忘れないね。それと、きょうまで忘れていてごめんね。

2 うん、わかってくれればいいよ。あすの朝は、必ず持ってきてね。

！ もめごとを解決するために話し合ったことや、ふたりの間で合意したことを、じっさいに行なっていくことを約束しましょう。また、その結果が実行されているか、守られているかを確認していきます。必要に応じて再度話し合うこともたいせつです。

37 自分のもめごとを解決するに

もめごとに直面したとき、絶対にさけなければならないのは、自分や人を責めることです。それではもめごとが解決しないだけでなく、解決からますます遠くなります。場合によっては、よけいにひどい状況になることもあります。

そこで、ここでは「大人に相談する」という過程をとおして、自分でもめごとを解決していく筋道を学習していきます。大人に相談するということはけっしてあなたが弱いということではありません。あなたの考えの足りないところや、不十分なところをおぎなったり、あなたの考えのよいところを認めてもらうことです。ただし、大人があなたのもめごとを解決してくれるのではないのです。ですから、相談のまえに、自分でもめごとを整理

1 もめごとの中心はなにか、なにが問題かを、紙に書き出してみましょう

お母さんが口うるさくいってくることがたまらないよ。お父さんが単身で転勤してから、目立ってきたんだ。お母さん、いつも不きげんだし…。それに、小さいことでも文句ばっかりいうし…。

！ ひとつひとつ、問題になっていること、問題の原因だと思われることを書き出していきます。ことばで書けなければ、絵や線で書いてもいいのです。

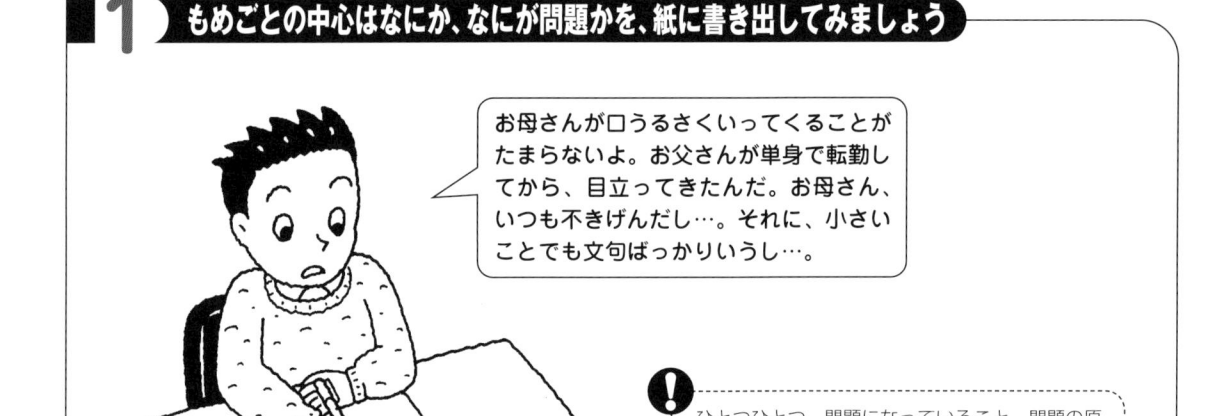

2 解決するための方法を、思いつくかぎり書いてみましょう

そのことについて、お母さんと話し合ってみる。
お父さんに電話する…。
なにもしない…。
うちがいやだから、友だちの家にとめてもらう…。

！ 「現実的ではない」「こんなのできない」と思うことでも、なんでも考えたことは、全部書いてみましょう。

は… 中学生

しておくことが必要となります。①もめごとの中心はなにで、なにが問題になっているのか、②自分で考えた解決策はなになのか、③その解決策の問題点はなになのか、そうした点を自分でしっかりと考えてから、相談するようにします。

アドバイス

子どもたちがもめごとに直面した場合、一番心配なのは自分で問題を抱えこみ悩んでしまう、自分を責めてしまう、問題行動という形で生活が乱れてしまうことです。つまり、子どもたち自身がもめごとをもめごととして捉えることが、最も重要だといえます。そのうえで、なにに自分は悩んでいるのか、どうやったら解決していけるのかを考え、自分で解決への筋道を理解することが大切なのです。そのとき、自分の気持ちや考え方を信頼できる大人に相談できるよう、あわせて教えていくことが必要です。

家庭の問題を抱えている子どもの場合、すぐに解決できるものばかりではないのですが、その場合でも、話をすることによって気持ちが楽になることを伝えていきましょう。

3 解決のために、じっさいに行なってみたらどうなるか？を考えてみましょう

1 家を出て友だちのところに行ってみる。 → 2 一晩くらいならなんとかなるけど、次はどうしよう…。お母さんも心配するし…。 → 3 少しつらさがなくなるけど、そのばしのぎであること。

1 お父さんに電話をする。 → 2 お父さんが心配するかもしれないけど、やはり話してみよう！ → 3 電話してみたら気持ちがすっきりした。でも問題はまだ解決していない。

！ 解決までいかなくていいのです。その方法を行なったらどうなるかを、考えてみましょう。
実行してもいいと思ったことはやってみて、そのうえで、どうなったかを書いておきましょう。

4 自分で書いた紙をもって、大人に話をしてみましょう

！ 一番信頼できる人、たとえば学校の先生、カウンセラー、親戚の人に相談する場合、つぎの手順をふみましょう。
①相談があることを伝える
②相手の予定を聞く
③その時に、自分の書いた紙をもっていく
④相談のあと、もう一度自分で考えた結果をその人に話しにいく

38 クラスのもめごとを解決するには

日常の学校生活の中で起こるもめごとは、みなさんにとって問題解決のよい機会になります。そのとき、教師や親が調停役にならず、クラスみんなの力だけでもめごとを解決できれば、こんな素晴らしいことはありません。

あなたはもしかして、大人にまかせておけば、苦労せずにもめごとが解決できると思っていませんか？　たいせつなのは、自分たちで問題を解決できる能力を身につけることです。もめごと解決への具体的な方法を知り、学校生活の中でのそうした場面を生きた学習のチャンスと考え、自分たちの力でもめごとを解決していくことがたいせつなのです。

問題解決に向けた話し合いの中で、たくさんのやりとりを体験してみましょう。そうして得た体験は、あなたをひとまわりもふたま

1 互いに責め合うことはやめましょう

悪い例

休み時間にボールを使うのは、男子ばっかりです！
そんなこといったって、ボールはひとつしかないだろ。

①もめごとが起きたときには、感情が先に立ち、もめごとの問題点が不鮮明になりがちです。
②相手が悪いと責めるだけではいけません。なにが問題なのかを冷静に見きわめることが先決です。

よい例

ボールを、男子が独占しています。
クラスにボールがひとつしかないのが、問題です。

①事実を見つめなおし、問題点を明確にしましょう。（質問する・他の人に聞く……）。
②もめごとが起きた原因や理由に着目し、そのもめごとで起きている事実を確かめ、もめごとの問題点を明確にしましょう。

2 自由に意見を出し合いましょう

男女交代で使いましょうよ。
体育の先生にいってさ、クラスボールを増やしてもらおう。
男女いっしょに、遊んだら。
みんなで使おうよ。
ボールを使わなくても、遊びはいっぱいあるよ。
仲よく遊べばいいよ。
となりのクラスからかりたり、一緒にやったりしたら…。

もめごとの問題点が明らかになったら、それを解決するためにはどのような方法や手段があるか、みんなで自由に意見を述べ合い、解決策を出し合いましょう。

は… 小学生

わりも大きくし、あなたに大きな自信を与えてくれます。

アドバイス

大人はもめごとの当事者である子どもたち自身が、自分たちで話し合い、もめごとを解決できるよう指導・援助していきましょう。

問題解決のために有効なコミュニケーション・スキルとして、ブレーン・ストーミングという手法があります。短時間の内にできるだけたくさんのもめごと解決のアイデアを出し合う方法です。その中で、合理的・論理的なもの、実行・実現可能なものなどを取捨選択していきます。かかわった全員が選択した解決策をもめごと解決のためにみんなで実行し、行動していけるようにしましょう。

3 もっとも適した方法を選びましょう

男女いっしょに遊ぶのが、いいと思います。
はーい、賛成です。

話し合いの中で、お互いに納得し合える方法、実現可能なもの、効果的なものを選び出しましょう。

毎週月曜日と木曜日の休み時間は、男女混合でドッジボールをします。
みんなで仲よくやろうぜ。

みんなの話し合いで決めた解決策にそって、お互いが約束や行動を実行します。やってみた結果を検討・確認し合い、評価し合います。

4 問題が解決します

解決がうまくいかない場合は（2）にもどる

いっしょにやると楽しいね。
よっしゃあ。
きゃーっ。あてないでえ。
あぶないあぶないほーっ。
にげろー！セーフ。

話し合った結果の約束を守りながら、クラス全員が行動します。不都合が生じたときは、再度もめごと解決のプロセスを実行します。

39 クラスのもめごとを解決するに

「クラスで生活する」という集団生活の中では、いろいろなもめごとが生まれてきます。中学生のあなたに必要なのは、そのもめごとを自分たちの力で解決していくプロセスを身につけることです。担任の先生に頼るのは卒業し、どうやったらもめごとを解決できるのか、クラスの話し合いをとおしてその方法をさぐり、実行していくのです。

その場合、たいせつなことはふたつあります。ひとつは、だれもが自由に意見をいい合える雰囲気や、全員の意見をたいせつにする姿勢がクラスにあるかという点、もうひとつは、話し合いをすすめていけるリーダーがいるか、という点です。

あなたのクラスに、そのどちらも見あたらなくても…心配はいりません。あなたがこの

1 リーダー会議を、開きましょう

クラスの授業のことが問題になっているね。うるさい人が出てきているよね。
うん
そうね…

クラスの学級委員が、班長、委員会のメンバーを集め、もめごとはなにが原因で、なにをどう話し合えばいいのか、クラス討議の筋道を決めていきます。そのさい、担任の先生に入っていただいてもいいでしょう。少なくとも、担任の先生には、①何を、②いつ話し合うのかを伝え、日程については相談しておきましょう。

2 全員の意見を板書しながら、すすめましょう

どうぞ
私は…

原則

①だれの意見でも、たいせつに聞きましょう。
②すべてを書き出していきましょう。
③似たような意見や考えも出させましょう。

①問題点がはっきりしたら、クラス全員に向けて発表し、話し合いましょう。
②ひとつひとつの意見、考えをたいせつにしながら、話し合いをすすめましょう。

は… 中学生

方法を知ったのですから、もっとも信頼しているクラスの友だちとどんどん協力して、自分たちのクラスをよくしていきましょう。

アドバイス

大人は、集団の中での「話し合い」の方法を、子どもにしっかり教えていく必要があります。それには、リーダーにその心構えと方法を繰り返し教えることが大切です。その場合、

（1）リーダー会議を持ち、そこで話し合いの方法を知らせる。

（2）教師が手本を見せ、会得させる。

のふたつの方法が考えられます。

集団の状況に応じて以上の方法を適宜使い、まずは「話し合い」の進めかた、守るべき約束事を徹底して教えていきましょう。特に、クラス全員の発言をすべて尊重するところから話し合いが始まるという点は、折にふれ伝えていきたいものです。

3 解決策をみんなで決め、紙に書いて掲示しましょう

！ 解決策は具体的であること、クラス全員がわかること、実行できること…と、なっていますか？

4 もう一度リーダー会議をひらき、（3）が実行されているかを確認しましょう

！ ある期間をおいたら、もめごとが解決の方向にむかっているかどうかを、確認することがたいせつです。そして、必要ならば、再度クラスの話し合いをもちましょう。

40 友だちのケンカをとめるに

　みなさんは、ケンカをしている友だちがいたらどうしますか？　そのふたりが自分たちで解決できる場合はいいのですが、解決できそうにない場合もあるでしょう。そんなときには、力を貸してあげましょう。そのときの手順は、つぎのとおりです。

（1）ふたりのいいぶんが聞けるように、並んでいるふたりの間に、三角形ができるように立ちます。

（2）A、Bそれぞれの話をよく聞きます。くいちがいがないかどうかを、ひとつひとつ確かめます。

（3）くいちがいがある場合は、関係する友だちの話も聞き、問題点をあきらかにしていきます。

（4）それぞれの反省点を述べさせます。自

1 ふたりに声をかけ、それぞれのいいぶんを聞きましょう

落ちついて！　なにがあったのかを、正直に話してみてよ。まずは、さおりちゃんから…。
もぅ～
ウ～

2 つじつまの合わない部分を、あきらかにしましょう

え…
かよこちゃん、いま、さおりちゃんがいっていることで、まちがいない？かよこちゃんも正直に話してみて！
そうだったでしょ！

ふたりが話すことを、それぞれに確認します。

は… 小学生

分が失敗したところを思い出してもらい、つぎに生かすことを明確にするためです。

自分たちの力で解決できます。手順にそって実行してみましょう。

アドバイス

ケンカの仲裁をするときには、両者のいい分を十分に聞き出し、つじつまの合わない部分については両者に確かめながら、明らかにしていくことが大切です。そのために、なんでもいっていいという安心できる雰囲気をつくらせましょう。また、仲裁者は、中立な立場でそれぞれの話を正確に聞くように指導しましょう。相手の顔を見て大事なことを落とさない聞き方が基本となりますので、普段から身につけさせるようにしましょう。

さらに、学級内で起こった問題は学級の仲間に報告するようにしておくと、それについてみんなで考える場となり、ひとつひとつが学級のグランドルールの確認となります。自分の心をオープンにできる学級の雰囲気を、日ごろからつくれるよう努めましょう。

3 それぞれが反省したことを、話し合いましょう

話し合いができてよかったね！
問題点がはっきりしてそれぞれ反省しなくてはいけない点がみつかって…。
ヘヘッ
ごめーん

！ それぞれの考えを、相手にはっきりと伝えるように仲だちしましょう。

4 話し合いの結果を確認しましょう

フフッ
思いちがいをしていたことがわかってよかったね。
こんどこんなことがあったら、また落ちついて話し合うようにしようね。

41 友だちのケンカをとめるに

教室や廊下でケンカをしている友だちを見たら、あなたはどうしますか？　からだの大きな友だち同士がとっくみ合いになってしまった場合など、どうやってとめたらいいのか、こまってしまうこともあるでしょう。

もしケンカが起きてしまったら、まずしなければならないのは、ケンカをやめさせることです。まわりの状況にもよりますが、学校の中ならば、みんなで協力して注意をし、ケンカをしている友だちをひきはなして、落ち着かせます。場合によっては、先生を呼びにいくことも必要になります。そのうえで、それぞれの理由や気持ちをいわせ、おたがいの理由や気持ちをわかり合えるように話し合わせていきます。

ちょっとしたケンカだったら、大人の力を

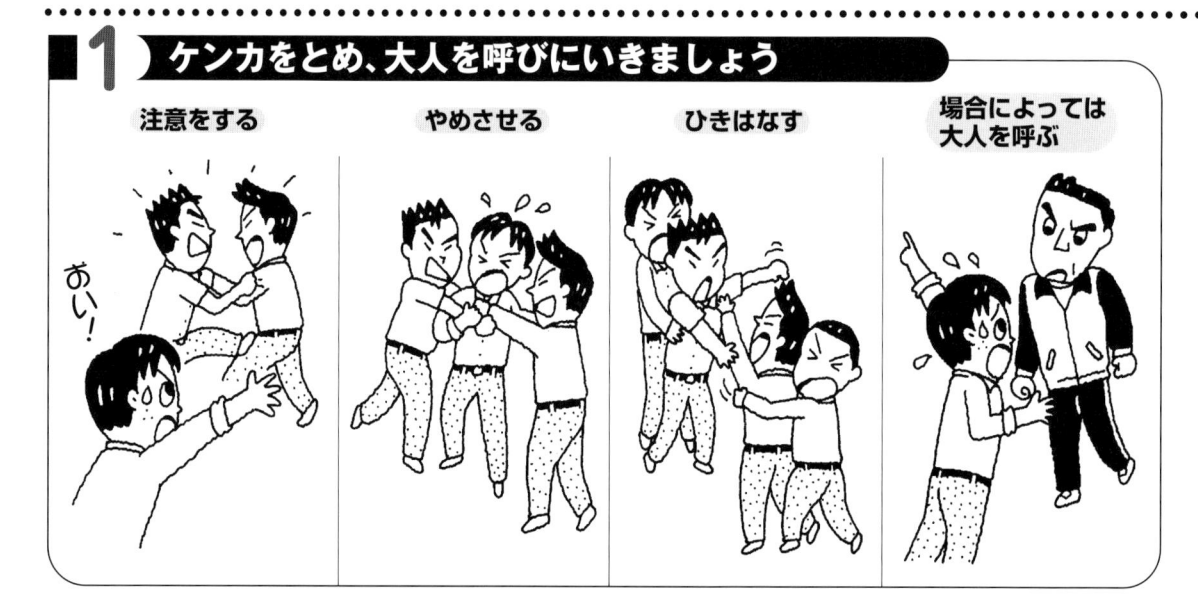

1 ケンカをとめ、大人を呼びにいきましょう

注意をする

おい！

やめさせる

ひきはなす

場合によっては大人を呼ぶ

2 落ち着かせ、それぞれの理由や気持ちをいわせましょう

1 ケンカになってしまった理由を、教えてね。どうしてそうなってしまったの？
2 たかしからちょっかいを出してきたんだ。ぼくは、なにもしていないよ。
3 そうなんだ。それで腹が立ったんだね。
フン

①興奮した気持ちを落ち着かせ、それぞれに事情を聞いていきます。「正しい」とか「まちがっている」とはいわずに、話をさせましょう。聞いたことはメモにとりましょう。
②話を聞いたあとで、自分の理由と自分の望むこと、解決策を紙に書かせます。

は… 中学生

かりずに仲裁（仲なおりへの仲だち）がでぎるようになれたら、いいですね。

アドバイス

核家族化がすすみ、いまの子どもたちは、家庭の中でもまれながら育ち、自然につき合い方や解決の仕方を学ぶという環境や状況に欠けています。ですから、相手の気持ちがわからなかったり、自分の気持ちを押さえられなかったりしてケンカになってしまうことがあります。その場合、まわりの子どもたちが自分たちで適切な判断をし、大きな問題にまで発展しないようできることが重要です。

まずはケンカの止め方を教え、そのあとに仲立ちの方法を教えていきます。そうすれば、たとえケンカが起きてしまっても、その経験を通してお互いの理解を深めていくことができます。そのような経験を重ねることで、ケンカにならない解決法や知恵が身につくようになります。

3 おたがいに確認し合えるように、リードしましょう

1 先にちょっかいを出したのはぼくだけど、なんだかいつもバカにされている気がしてたから…。

2 たかしがちょっかいを出したことに腹が立ったんだ。それで、ぼくもつい…。そのあとはカアーッとしてしまって、あまり覚えていないけれど。手を出したことは、悪いと思っているんだ。

！
①（2）で書いたメモ、おたがいの書いたものをもとに、ひとりずつケンカをした理由と気持ちを話させます。
②おたがいの気持ちがわかり合えるように、手助けしてあげましょう。

4 「これからどうしたらいいか」を、話し合わせましょう

1 ぼくは、これからは、ちょっかいは出さないようにする。もっとふつうに話をするようにするよ。

2 ぼくも、絶対に手を出さないって約束する。それに、自分では気がつかなかったけど、ことばづかいにも気をつける。

！ たがいに「これならできる」という方法を、考えさせましょう。

42 友だちに注意をするには…

友だちが悪いことをしていたら、みなさんはどうしますか？　見て見ぬふりをしてしまう人もいるでしょう。それではよい友だち関係はきずけませんね。ふだんから、なんでもいえる友だち関係をつくっておきましょう。

親しい友だちには、悪いことをしていたらその場で注意ができます。でも、あまり親しくない場合は、どのように声をかけるとよいのでしょうか。

なにか気になることが起きた場合、まずは、「どうしたの？」と、しぜんに声をかけてみましょう。そして、相手が話すことと事実とにくいちがいがないかを確かめながら、聞くことがよいでしょう。あせらずゆったりとした気持ちで、聞き出していきましょう。自分がしたことを語らせることにより、自分の失

1 見て見ぬふりをしていませんか？

1 さちえって、なまいきだよね。ぜったいに、口きくのやめようね。
2 うん、そうだね。あっ、きたきた。みんな、絶対に話しちゃだめだよ。
3 ねえ、えみちゃん。きょう、いっしょに遊ぼう。
4 ……。
5 ……。
6 ……。
えみ
さちえ

2 「どうしたの？」と声をかけてみましょう

むしむし
1 ねえ、えみちゃん。きょう、いっしょに遊ぼう。
2 ……。
3 あれ、さちえちゃん、どうしたの？
4 えみちゃんと遊ぼうと思って、声をかけていたの。
5 ねえ、えみちゃん、どうしたの？　なんでだまっているの？
6 ……。
えみ
さちえ

！ あなたは、友だちが悪いことをしているときに、声もかけずに知らんぷりをしていませんか？まず、「どうしたの？」と、声をかけるところから始めましょう。

小学生

敗に気づくようになります。

アドバイス

友だちが悪いことをしていたら注意できる子を育てたいものです。そのために、普段から注意し合える人間関係づくりの大切さを教えましょう。そして、何よりも相手のことを考えて、相手の気持ちに立った注意の仕方を学ばせることです。例えば、「静かにしろよ。」と注意されるのと、「静かにしよう。」と注意されるのでは受ける印象が違います。前者は、相手の行動に対して自分が気に入らないからという印象、後者は、あなたもしっかり学習しようよという相手を思いやる心が感じられます。このように、相手のことを考えた言葉かけを常日頃から、させましょう。

それは、大切な友だちに、心からのことばで話しかける意識を育てていくことでもあります。

3 いけないことは、「いけないよ」と、声をかけてあげましょう

1 ねぇ、口きくのやめようなんていうの、やめなよ。
2 うるさいな。そんなこというなら、かおりも無視するからね。
3 そうやって人をおどすのは、よくないよ。
4 そ…、そうだよ。自分がそんなことされたら、いい気持ちがしないでしょ。
5 わかったわよ。やめればいいんでしょ。
えみ

ほんとうに仲のよい友だちならば、悪いことは悪いと声をかけなくてはいけません。いけないことを注意し合えるのが、ほんとうの友だちだからです。

4 友だち同士で注意し合えたことを、先生に報告しましょう

1 先生、りかこちゃんたちがさちえちゃんと、絶対に口きくのやめようっていっていたから、そんなことするのはやめなって、注意したのです。
2 へぇ、そうだったの。注意ができて、りっぱだわ。でも，なぜ口をきくのをやめようってことになったの？
3 さちえちゃんがなまいきだから、といっていたけれど、とくに理由はないようです。そんなことをしたりかこちゃんたちは、さちえちゃんにごめんねって、あやまっていました。
4 そう、しっかりと解決ができたのね。学級のみんなにも聞いてもらうといいわね。

43 友だちに注意をするには…

中学生ともなると、行動範囲も交友関係もひろがり、学校外でのちょっとしたつき合いから、暴力、恐喝、いじめ、喫煙、飲酒、シンナーといった問題に発展してしまうことがあります。ふだん仲のよい友だちが、そういう悪いことをしている場面に出会っても、注意することはとてもむずかしいことです。その友だちとどのくらい仲がいいか、どのくらい信頼関係があるかによって、対応がかわってくるからです。

ここでは、どのように対応していけばいいのか、その方法を学んでいきます。そして、できる範囲で友だちにアドバイスしましょう。

たいせつなのは、どんな場合でも信頼できる大人に相談するということです。たとえ自

1 見て見ぬふりをしていませんか？

あれって、もしかして…！

2 友だちと一対一で話し、あなたの気持ちを伝えましょう

1 きのうのことだけど。帰ってからも、とっても心配だったんだ。どうしたんだ？先輩とあんなことして…。
2 ……。ほっといてくれよ。いろいろあるんだよ。それに、きのうがはじめてだし。
3 そういうわけにはいかないよ。つよしが、あんなことするなんて、おれ、ホント心配だよ。あれが最初で最後ってことにしろよ。先輩にちゃんと断れよ。

中学生

分で解決できると思っても、大人に知らせることは必要です。そのうえで、どうしたら、その友だちが悪いことをしていると自分自身で気づくことができるか、を考えていきましょう。

アドバイス

タバコや恐喝といった反社会的な行動は、「断れない」人間関係の中で始まっていきます。また、そのような行動は、自分でもどうしようもない悩みや不安のはけ口となっていることも多いのです。つまり、本当の解決には、友だち同士のコミュニケーションだけでは不十分ともいえます。

しかし、友だちの悪いことを見逃さず、心配していると告げる気持ちは大切にしなければなりませんし、そのことを、子どもたちに知らせることが重要です。

3 いけないことは「いけない」と、いいましょう

1 おれ、やっぱり中学生がタバコはいけないと思う。体にも悪いよ。
2 おれの勝手だろ。おまえには、関係ないよ。
3 先輩にいわれて断れないんだろ。だれか相談できる人に話したほうがいいよ。養護の鈴木先生なら、相談にのってくれると思うよ。
4 ……。

！ いいにくいことですが、勇気をもって、姿勢を正して、強い気持ちで「いけない」と、いいましょう。そして、大人に相談できるかどうかを確認しましょう。

4 本人が相談できないときは、自分がかわってでも

1 このあいだのことだけど。まだ、つづいているみたいだね。鈴木先生に、まだ相談してないんだって？
2 ホント、ほっといてくれよ。
3 そういうわけにはいかないよ。このままってわけにはいかないよ。ぼくも一緒に鈴木先生のところへ行ってやるよ。なんならぼくから伝えようか。
4 …………。

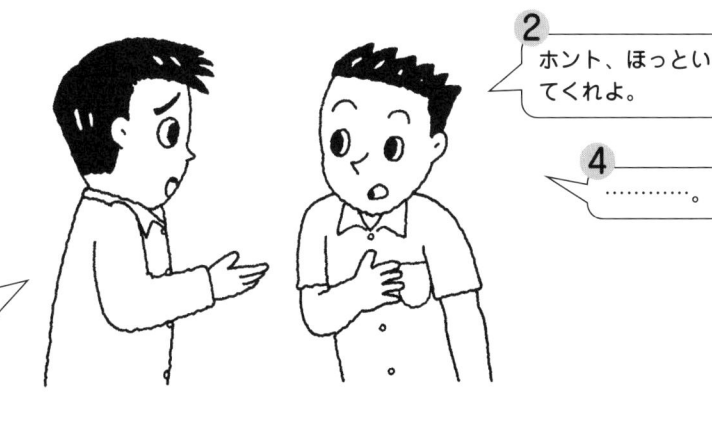

！ 本人が大人や先生に相談できないときは、あなたが信頼できる大人に話す承諾を得ましょう。

44 友だちがとつぜん暴れだした

友だちがとつぜん暴れだしたときには、まず、ケガのおそれがあるかどうかなど、危険か安全かをすぐに判断しなければなりません。

もし危険なときには、「逃げること」「助けを呼ぶこと」「大人に知らせる」ことがたいせつです。

もし、危険がないときには、勇気をもって、相手に働きかけ、落ち着かせるように話してみましょう。

ただし、あなたと友だちとのいままでの関係によってかけることばがちがってきます。

あまり話したことがない友だちに対しては、「こわいからやめてください」「お願いですから、危ないことはやめてください」などのように、お願いする口調でたのみましょう。

1 危険なとき…

先生、助けてえ！
うわぁ
だれか、先生に知らせて――！

近くの大人を呼びましょう。

その場を逃げだすことも大切です。

2 危険でないとき…（1）

あまり知らない友だちが、暴れたとき

1
お願いですから、危ないことはやめてください。
2
みんな、手をかしてくれ。

直接本人に、ていねいにお願いしましょう。

まわりの友だちに、協力を求めましょう。

ら… 小学生

よく話したことのある友だちならば、「やめてよ」「あぶないことをしてはだめだよ」などのように、真剣に心から止めるようにします。

日頃からコミュニケーションがとれていれば、たとえ暴れているときでも、あなたのことばが届くはずです。

アドバイス

だれかが暴れたときに、まず優先することは、安全の確保です。危険なく行動できるよう、日頃から話しておいてください。そして安全が確保できた場合であっても、相手を止めるには「相手とのいい関係」が条件になります。関係の浅い相手であったり、あまり関係のよくない相手の場合には、まわりの人に助けを求めることが大切です。

大人であれ子どもであれ、暴れている人を本当に止められるのは、これまでその人と大切な関係を築いてきた人でしょう。ですから、日頃からのかかわり方がとても大切であり、それがいざというときに大きな影響力をもつのです。

日々のコミュニケーションの積み重ねが大切になります。

3 危険でないとき…（2）

仲よしの友だちが、暴れたとき

1
やめなよ！
あぶないよ！
2
興奮しないで、きちんと話そうよ。

相手の目をやさしく、真剣に見つめて止めましょう。

4 危険でないとき…（3）

ふたりきりのときに、あまり知らない友だちが、暴れたとき

1
お願いですから、やめてください。
2
ぼくに悪いことがあったら、ことばで話してください。

「お願いする」ということを、真剣に心をこめて態度であらわしましょう。

45 友だちがとつぜん暴れだした

興奮する、物を投げる、つき飛ばす、泣きわめく、かみつく、反抗する…。友だちが急にこういった状況になってしまうことがあります。そのまえには、サインが表情や口調に出てくるものですが、そのときにどんなふうにすれば防ぐことができるのでしょうか？　また、もし、友だちがそうなってしまったら、近くにいるあなたはどうしたらいいのでしょう。

とつぜんコントロールができないほど暴れだしてしまう、というのはずっと感じていた不安やストレスが、なにかのきっかけで爆発するのですから、まずは、その不安やストレスをやわらげることがたいせつです。そして、とにかく落ち着かせることを第一に考えましょう。相手のことばに腹を立てたりするのは

1 「どうしたの」「何かあったの」「だいじょうぶ」と、声をかけましょう

真剣な表情で

静かな落ち着いた声で

相手の目を、しっかりと見て

2 まわりの人の安全を第一に考えましょう

暴れている友だちから離れる

まわりにある物をどかす

すぐに、大人を呼ぶ

ら… 中学生

意味がありません。なによりケガにつながらないよう、暴れている友だちと、まわりの人の安全を優先させることがたいせつです。原因をはっきりさせるのは、それからです。

アドバイス

とつぜん暴れだすのは感情のコントロールを失った状況のことであり、その状況は不安や怒りが頂点に達していることを示します。ちょうど火山が噴火した状態と考えていいでしょう。そのときに、噴火し流れ出てくる溶岩を止めようとしたり、押し戻そうとしたりしては、ますます爆発の状態を加速させます。

その原因は不安やストレスである場合が多いので、大人はまず、その状態を安全に切りぬけ、その後に不安やストレスをとりのぞくため、子どもにカウンセリングを行なうのが最良といえます。また、友だち同士でいる場面で暴れだしてしまったときは、そこにいる全員の安全を第一に考えることが大切です。

3 怒りの頂点がすぎたら、友だちのことばで落ち着かせましょう

1 おれはバカじゃないぞー。
2 もちろん、バカなんかじゃないぞ。ちょっと深呼吸してごらん。
3 くやしいよぉ。わあー。なんでだよぉ。
4 くやしいよね。なんでか、わからないよね。
5 なんで、あいつにいわれなくちゃいけないんだ～!!
6 そうだよね。ねぇ、もう一度、大きく息をしてみようよ。

4 友だちが落ち着いたら、話を聞きましょう

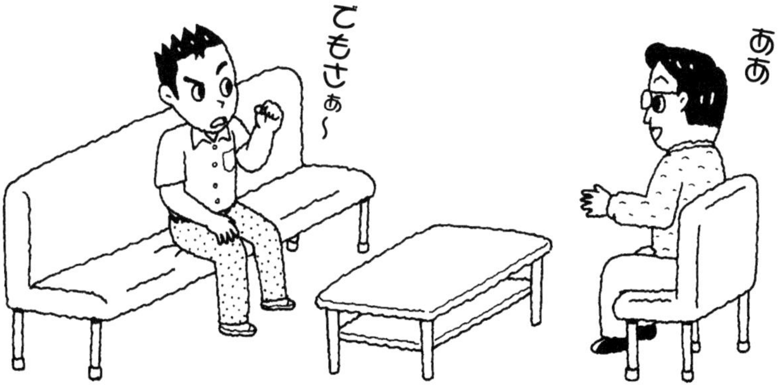
でもさぁ～
ああ

! できれば、信頼できる大人（学校カウンセラー・担任の先生・養護の先生）に、本人の話を聞いてもらい、指導してもらえるようにしましょう。

46 いじめを見たら…

いじめを見たときには、気づかないふりをしてはいけません。親や先生など、信頼できる大人の人に知らせるとともに、あなたにできることを考えていきましょう。

あなたのすべきことは、いじめっ子やいじめられっ子との関係によってちがいます。「いじめっ子とあなたが仲よし」ならば、いじめはしてはいけないことだと、本気で相手に教えてあげましょう。

「いじめられっ子と仲よし」ならば、「なにをしてほしいですか？」とその子に問いかけましょう。その子のためにしてあげられることをいくつか話して、相手に選んでもらいましょう。

もし、「いじめられっ子ともいじめっ子とも仲よし」ならば、あなたが中心になって話

1 いじめっ子と仲よしなら…

いじめは、してはいけないことだよ。
○○君は、すごくつらいと思うよ。
………。

2 いじめられっ子と仲よしなら…

どんなことがあったか、よかったら話して。
ぼくにできること、なんかある？
きみのお母さんに相談する？　先生に相談する？　電話でいう？手紙にする？
………。

！
①相手のいまの希望を聞きましょう。
②解決法を、本人に選んでもらいましょう。

小学生

し合いの場を提案し、解決するお手伝いをしてあげましょう。

もし、どちらの子とも仲よしでないなら、身近な大人にすぐに相談しましょう。あなたひとりでの解決は、むずかしいからです。

アドバイス

いじめの解決には、慎重に取り組まなくてはなりません。不適切な解決方法を選んだために、いじめられっ子が今以上に傷ついたり、逆恨みされたりすることもあるからです。また、いじめっ子が単純に悪いとはかぎらないようなケースも多いからです。

いじめの解決には、うわべだけの対処療法的な解決と根本的な解決とが見られます。大切なことは、いじめがいけないことであると本当にわからせること、繰り返させないこと、万が一繰り返された場合にも、適切に対応できるような力をつけてあげることです。何よりも、いじめられっ子が大切にされていること、同時に、いじめっ子も大切にされているということが伝わらないと、根本的な解決にはなりません。

3 両方と仲よしなら…

1
ふたりのあいだになにがあったのかな？　ぼくが聞くから、話し合おうよ。
2
ふたりとも、順番に話してね。
3
○○君は、どんなふうに思ったの？
……

4 両方とも、あまり仲よしでないなら…

家で

お母さん、あの子のお母さんに知らせるのは、どうかな？

学校で

先生、少し心配ごとがあるんですが…。

47 いじめを見たら…

いじめを見たとき、あるいは、いじめの場面に出会ってしまったら、どうしたらいいでしょう。

ここでは、いじめられているのが、あなたの友だちの場合を考えてみましょう。そのとき、命に危険がある緊急な場合だと思ったら、すぐに大人に話してください。そしてどんな場合にもすぐにいじめをやめさせましょう。そのうえで、大人にうちあけるよう、説得してください。いつ、誰に話すのかを友だちに確認しそのあとも、確かに話せたかどうかを聞いてみてください。もし、本人から話せないでいたら、「自分が大人に相談していいか」を聞いてみてください。

たいせつなのは、いじめを見たあなたが、全部解決しようとするのではなく、いじめら

1 大人に連絡しましょう

あっ
先生、大変です！
ユウキくんが…。
なに？
…

2 いろいろな状況に合わせて、いじめをやめさせましょう

数人が、ひとりをこづいている

やめろよ。
そんなことするなよ。

①ひとりではだめなときは、友だちを連れてきましょう。
②はっきりと！落ち着いた声で！

友だちの靴を隠しているのに出くわして

靴をかくすのは、よくないことだとぼくは思うよ。やめたほうがいいよ。
ドキッ

①自分の気持ちをそのままいいましょう。
「ぼくは、こう思う」ということを伝えます。
②姿勢を正して！　強く、静かに！

中学生

れている友だちが自分で解決していくために、できるかぎりの手助けを考えることです。

アドバイス

いじめを解決するには、原因をはっきりさせることが重要です。いじめている方にもそれなりの言い分がありますから、いじめを見た場合は、その行為をやめさせ、当事者同士が、いじめがなぜ起きているかを考えさせせることが必要となってきます。

いじめを見た中学生が自分の力でいじめを解決していくには、いじめている友だち、いじめられている友だちとどのような関係にあるかが問題となります。それによって、対応がすべて異なってきますので、どんな場合にも、大人に相談するよう教えていきましょう。

3 どうすればいじめがなくなるのかを考えてみましょう

いつもは仲のいい友だちを、仲間はずれにしているとき

1 みどりのことだけど、もう仲間はずれにするのやめようよ。いつまでもいまのままなの、よくないよ。

2 いいこぶって。ムカツクんだよね。

3 でも、いつも最近ひとりでいるの、かわいそうだよ。わたしは話してあげたいな。

4 でも、まだあやまってもいないんだよ。許せないよ。

5 こんど、みどりとも話してみてよ。いやなら、わたし、話してみようか。

❗ いつもは仲のよい仲間なのです。どうしたら話し合いの場面がもてるかを考えましょう。

4 いじめられている友だちと話し、大人に相談するよう説得しましょう

1 きのうのことだけど、先生、知っているの？

2 ううん…。

3 きょうのうちに、話したほうがいいよ。

1 きのう、先生にはなした？

2 ううん…。話せなかった。

3 ぼくから、話してみよう？

❗ まずは、友だちの話を聞いてあげましょう。そのうえで、大人に相談するよう説得しましょう。

48 不登校の友だちがいたら…

不登校の友だちにしてあげられることは、その子の状態によってちがいます。まずはその子がどんな気持ちでいるのかを、考えてみましょう。

その子が学校にいきたくない場合には、むりに学校にいくように誘ってはいけません。話をする機会をつくり、その子が好きなもの・好きなことを聞いてみるのもよいでしょう。そして、その子の好きなことをいっしょにするなどして、すごしてみましょう。

学校にいきたいのにいけない場合には、学校にいけるようになる応援をしてあげましょう。朝、むかえにいったり、いっしょに勉強したり、学校で少しの時間でも勉強できるよう、お手伝いしてあげましょう。

一番たいせつなことは、不登校の友だちに、

1 学校にいきたいのにいけない友だちのために（1）

先生と相談する

お母さんといっしょなら、勉強できるかもしれないね。
3時間だけくるのは？
保健室で勉強するのは、どうかしら？
そうね…

!
①あなたの考えや決意を、先生に話す、というのが重要です。
②そのためには、あらかじめいろいろ考えておきましょう。ノートに書きとめておくのもいいですね。

2 学校にいきたいのにいけない友だちのために（2）

友だちと相談する

うん！
うん！
朝は3人でむかえにいこう！
国語のノートは、私が写しておくことにするわ。
休み時間に、いっしょに遊んでくれる人を集めておこうよ。

!
みんなで、できることを相談し合い、決めていきましょう。

小学生

心からの関心をもってあげることです。友だちと思う心がなければ、本当の解決にはつながりません。

アドバイス

不登校の子どもが学校に行けるようになるまでには、ひとりずつ、もうひとりずつ…というふうに、その子がかかわれる友だちを少しずつ増やしていくことが大切です。

朝、クラスの友だちが、ひとりで迎えにいったり、ふたりで迎えに行ったりした場合、それで反応がいい感じなら、大勢で迎えにいくことが効果的なこともあります。基本的には、相手をこちらからどうこうしようとするのではなく、「相手が学校に行きたくなる日」を待つことが大切です。時間はかかるかもしれませんが、本人の気持ちが安定するまで待ちましょう。学校や家庭の環境、本人の気持ちが一致すれば、いつか学校に行けるようになります。何かが不安定なときには、決して無理はさせないことです。

3 学校にいきたくない友だちのために

いっしょに遊ぼうよ！
どんな本が好きなの？
パソコンゲームやる？
お菓子は、なにが好きなのかなあー。

相手の好きなこと、やりたいこと、関心のあることを引き出しましょう。心を合わせることができれば、少しずつ可能性が出てきます。

4 友だちのためにいろいろ考えてみましょう

ようこちゃん、給食やそうじの時間、どうやってすごしていたかなぁ…
またいっしょに学校ですごせるといいなぁ…
教室の勉強で一番楽しいことって、なんだったかなぁ…

あなただけのイメージ・トレーニングをします。こうしたことで、あなたの願いや目的、あなたがなにをすればいいかなどが、だんだん見えてきます。

49 不登校の友だちがいたら…

不登校といっても、いろいろな原因が考えられます。ですから、いきなり家に遊びにいって元気づけようとしたことが、逆に友だちのためにならないこともあります。ただ、静かに見守っていたほうがよい場合もあるのです。

ここでは、自分のクラスに、不登校状態の友だちがいる場合を例にしてみました。クラスの友だちとして、どんなことができるかを考えてみましょう。

その場合、必ず担任の先生とよく話し合いをしてから、行動することがたいせつです。担任の先生は、不登校になっている友だちの事情を一番よく知っていますから、先生のアドバイスを受けながら行動することです。「いつでも待っているよ…」という気持ちが

1 「いいところメッセージ」を送りましょう

掃除をいつもていねいにやっていたよね。ありがとう。
「おはよう」っていってくれてうれしかったよ！
絵がうまい！うらやましい！

①クラスの全員がひとことずつ、不登校になっている友だちの「いいところ」を文章にします。
②小さなカードに書いて、リボンで結んでとどけましょう。

2 クラスのようすを伝える「ひとこと」を、色紙にしましょう

最近、英語のスペリング・コンテストがあったよ。
全員リレーで、おしくも2位だったけど、みんながんばったんだ。

文化祭、運動会、遠足、クラスのイベント、毎日の授業のようす、給食のときのこと…など。
ひとことは、なんでもいいのです。

中学生

伝えられるようにするために、いま友だちがどのような気持ちでいるのかを十分に想像し、心のメッセージが伝わるようにしていきましょう。

アドバイス

　不登校は家庭の問題、成長期の問題などが複雑にからんで起こる場合が多いのです。たとえ、クラスの人間関係が原因で不登校の傾向が見られるようになったとしても、専門のカウンセラーや外部の専門機関に相談をかけながら、クラスの問題として、子どもたちに考えさせていくことが必要になるでしょう。
　ここでは、クラスの友だちとして「あなたを考えている」「大切に思っている」というメッセージを伝えることを重視した活動を紹介しています。クラスの状況に応じて、不登校傾向にある子どもの状況に応じて、心を伝えることの意味を十分に理解させながら実践していきましょう。実践にあたっては、相手のご家庭の理解を得ておくことも大切です。

3 クラスでメンバーを決めて、「○○さんノート」をつくりましょう

①休み始めたときは、授業のことが気になるものです。ノートをとるメンバーは、教科ごとに、時間割りにそって…など、役割分担などを工夫して、「○○さん」ノートをとっていきます。
②渡しかた、届けかたは、先生に相談して決めます。

4 手紙で、あなたの気持ちを伝えましょう

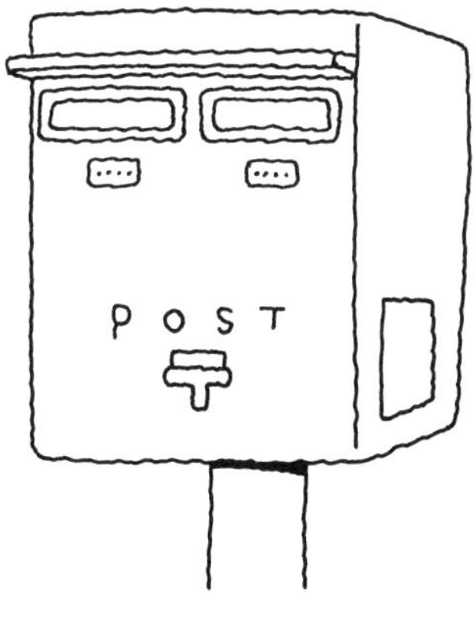

とても仲のよい友だちだったら…。あなたが心配している気持ちを、手紙で伝えましょう。

かいせつ

大人にこそ求められるコミュニケーションの改善

人間の社会にはもめごとがつきものです。怒りや嫉妬や憎悪の渦巻く中で、上手に対立やけんかを回避できる人は、幸せで豊かな人生が送れるでしょう。そんなことはだれもわかっているのに実行できる人は稀です。人生の幸不幸は大部分コミュニケーションの仕方で決定するのです。

子どもの世界もまったく同じです。友だちが百人もできたりクラスは一致団結するものだというような幻想を抱いてはいけません。子どもの世界も必ずもめごとがつきものなのです。そしてもめごとの大部分は先生の目に触れない水面下で起きるのです。先生がまったく気づかないうちに深刻ないじめが進行していることも珍しくありません。いじめっ子たちは先生に気づかれないように、巧妙にやるのですから先生が気づかないのは当然のことです。

しかし、先生が子どもたちに対して心を開き、暖かで受容的で友好的ないい関係を持っていれば、必ず子どもたちの間のもめごとは耳に入ってくるはずです。

この本に書いたことは、みんな子ども同士のコミュニケーションを改善する方法です。しかし、その前にもっともっと大切なことは、大人が自らのコミュニケーションを改善することです。

「否定・命令・禁止」から「受容・傾聴・賞賛」へ

多くの大人は、子どもを批判したり叱ったりするのが日常になってしまっています。批判されたり叱られたりばかりしている子どもたちが心を開いて話すでしょうか。

白畑若子さんという山形県の校長先生は、荒れた中学校を建て直したことがある生徒指導のベテランです。白畑さんは、学校を荒らす 3 原則は、「否定・命令・禁止」だと断言します。絶えず先生から否定されたり禁止されたり命令されたりばかりしている子どもたちは、自信をなくし希望をなくし、やがて心が荒れはじめます。

では子どもの心を開かせる 3 原則は何でしょうか。私は、「受容・傾聴・賞賛」だと思います。まず、子どものすべてを受け入れ、耳を傾けて子どもの声を聞き、よいところを見つけてほめれば子どもたちはきっと心を開いて、何でも大人に語りはじめるに違いありません。

「受容」するためには、暖かな表情と視線と態度が必要です。相手の感情に共感しなければなりません。「傾聴」はカウンセリングの最も基本的な技術です。傾聴するためには一生懸命に耳を傾け、子どもの言った言葉を繰り返してあげたり、わかりにくいところを問いただしてあげたり、ときには要約してあげたりします。カウンセラーの訓練ではこれをロールプレーで練習しますが、毎日の子どもとの接触の中で練習することも大切です。

「賞賛」（ほめること）にも練習が必要です。本人が劣等感を持っていることをほめられても、子どもは見抜いてしまいます。下手なほめ方をすれば馬鹿にされたような気にしかなりません。本人が努力したことを具体的に本人が納得するようにほめてあげるためには練習が必要です。

「受容・傾聴・賞賛」された子どもは自分に自信がつきます。これをセルフエスティーム（自己肯定感）と言います。自分がかけがえのないすばらしい存在だと思うことです。自分に自信を持つことです。いじめたり暴力を振るったりいじめられたりする子どもはみんなこのセルフエスティームの低い子どもたちです。家庭で言葉や体の虐待を受けている子どもや先生から叱られ続けてきた子どももセルフエスティームの低い子どもになります。

子どもたちのコミュニケーションを改善する決め手は、まず何よりも子どもたちのセルフエスティームを高めることです。そのためには、まず親や先生が、否定や禁止や命令ばかりをすることをやめ、子どもを受け入れ、子どもの話に耳を傾け、子どものよいところを見つけてほめるコミュニケーションを身につけることです。

否定・禁止・命令のコミュニケーションが身についた大人が習慣を改めることは容易なことではありませんが、親や先生自らが子どもとの接し方を改めない限り、子どものコミュニケーション能力の低下は絶対に改善されないでしょう。まず大人が変わることで、子どもを変えていくことが今、求められています。

子どもとマスターする こころのコミュニケーション

身についた悪しきコミュニケーションを改めることは、私自身にとっても容易なことではありません。気をつけていてもつい自然にもとの悪いコミュニケーションが出てしまうのです。これを変えるには、毎日毎日研鑽し反省しながら一歩一歩進み身につけていくしかありません。

この本で紹介した様々なコミュニケーションの方法を子どもたちに教えながら、親や先生自身も自らのコミュニケーションを改めるために日々研鑽しようではありませんか。それは挑戦する価値のある目標です。

練習を重ね、一つ一つ身につけていけば、だれでも必ずコミュニケーションを変えることができます。私たちはそう信じてこの本をつくりました。この本が、学校や家庭で子どもたちの幸せを願っているみなさんのお役に立つことを心から願っています。

有元秀文（国立教育政策研究所・総括研究官）

●監修者

有元秀文（ありもと・ひでふみ）

国立教育政策研究所・総括研究官

1971年早稲田大学教育学部卒業後、都立新宿高校国語科教諭を15年勤める。その後、文化庁国語調査官を経て現職。子どもたちのコミュニケーションの改善をライフワークにしている。イギリスとオーストラリアで、子どもたちのコミュニケーションを改善し、いじめを防止するピアサポートの調査を行った。スペインでも、コミュニケーションを重視した読書教育メソッド「読書へのアニマシオン」の講習を受講し、現在普及につとめている。著書に『「相互交流のコミュニケーション」が授業を変える』（明治図書）『読書へのアニマシオン入門』（学研）『パソコンを活用した「楽しいコミュニケーション」の授業』（東洋館出版社）がある。

輿水かおり（こしみず・かおり）

東京都教育相談センター・統括指導主事

1973年広島大学教育学部卒業後、広島市立中学校で4年間国語科教諭として勤務。その後、東京都新宿区立小学校、八王子市立小学校で19年間の教員生活を経て、1996年、港区教育委員会指導主事、教育相談担当。2001年、東京都教育相談センター勤務。コミュニケーション能力の育成をテーマに臨床的研究を続けている。また、教育相談の立場から、カウンセリングマインドを基盤にした授業のあり方や子育てについて、学校（教員）やＰＴＡ関係（保護者）からの相談や講演依頼に応じている。

●執筆者一覧および担当項目（掲載順）

飯田美弥子：世田谷区立池之上小学校教諭（1、4、6、18、19、31、33、40、42）
豊田英昭　：太田区立入新井第五小学校主幹・学校心理士（2、10、11、12、13、20、34、35、36、38）
山口明代　：江戸川区立宇喜田小学校教諭（5、7、14、15、16、27、29、44、46、48）
高倉滋子　：東村山市立東萩山小学校教諭（3、8、9、17、21、22、23、25、26、28）
坂口京子　：荒川区立第四中学校教諭（24、30、32、37、39、41、43、45、47、49）

●本文・カバーイラスト

タカダ・カズヤ

●カバーデザイン

守谷義明＋六月舎

●本文デザイン

有限会社プロート

イラスト版　こころのコミュニケーション

子どもとマスターする49の話の聞き方・伝え方

2003年４月10日　第１刷発行
2019年４月25日　第14刷発行

編　者　子どものコミュニケーション研究会
監修者　有元秀文＋輿水かおり
発行者　上野良治
発行所　合同出版株式会社
　　　　東京都千代田区神田神保町1-44
　　　　郵便番号　101-0051
　　　　電話　03（3294）3506　FAX　03（3294）3509
　　　　URL　http://www.godo-shuppan.co.jp/
　　　　振替　00180-9-65422
印刷・製本　株式会社光陽メディア

■刊行図書リストを無料送呈いたします。
■落丁乱丁の際はお取り替えいたします。

ISBN978-4-7726-0301-0　NDC 376 257 X 182